Bürgerkrieg in Holzleithen

edition
innsalz

Coverfoto Vorderseite:
Gedenktafel an der Außenwand des Arbeiterheimes mit den Namen jener Arbeiter, die während der Kampfhandlungen des österreichischen Bürgerkrieges 1934 im Kohlenrevier zu Tode kamen.

Coverfoto Rückseite:
Gedenkkreuz, für die während des Bürgerkrieges in Holzleithen gefallenen Soldaten.

Peter Pohn
Bürgerkrieg in Holzleithen

herausgegeben von:
Wolfgang Maxlmoser

Pfarrgrund 3; A-5252 Aspach
Aspach – Wien - Meran
Telefon: ++43/664/3382412
Fax: ++43/7755/7258-4
Homepage: www.edition-innsalz.at
E-mail: edition.innsalz@ivnet.co.at

ISBN 3-900050-84-8
978–3–900050–84-9

Layout: Wolfgang Ströher
Karten, Grafiken und Cover-Fotos: Mario Glück, 2006

1. Auflage Mai 2006
2. Auflage Dezember 2007

Peter Pohn

BÜRGERKRIEG IN HOLZLEITHEN

Inhaltsverzeichnis

Vorwort

Im Kinosaal des Arbeiterheimes in Holzleithen wurde der Bürgerkrieg von 1934 auf einen Höhepunkt gebracht, der den Menschen vor dem Menschsein erschaudern lässt. Sechs Männer wurden ohne „Wenn und Aber" an die Wand gestellt und mit mehr als 60 Schüssen niedergestreckt. Vier fanden den Tod dabei, zwei verdankten ihr Weiterleben dem damaligen Gemeindearzt Dr. Franz Hitzenberger sen. Wie konnte es nur zu dieser Tragödie kommen?

Es sind immer mehrere Gründe für eine besonders markante Tat gegeben. Armut, Angst vor der Zukunft oder Hoffnungslosigkeit können zu Radikalismus führen. Erlittene Demütigungen aber können noch viel mehr bewirken. Sie sind es, die abgrundtiefen Hass und die Sehnsucht nach Vergeltung schüren.

Wenden wir uns nun der schrecklichen Ereignisse von Holzleithen im Februar 1934 zu. Damals herrschte eine große Arbeitslosigkeit in ganz Österreich. Jeden Tag begaben sich jene Bergarbeiter, die noch Arbeit hatten, mit Bangen zur „Schwarzen Tafel" beim Stolleneingang, auf der die Namen jener standen, die gerade am jeweiligen Tag entlassen wurden. Für die Betroffenen bedeutete dies, eine Zeit lang auf Arbeitslosengeld und dann auf Almosen angewiesen zu sein. Das bedeutete auch, ums Überleben für sich und seine Kinder betteln zu müssen. Damit war eine gewaltige Erniedrigung und der Verlust an Menschenwürde verbunden. Als Arbeitsloser stand einer damals auf der untersten Stufe der Gesellschaft. Wurde doch der Rang, den man in der Gesellschaft einnahm, am Besitz gemessen.

Der Besitzende fühlte sich als etwas Besseres und sah im Bittenden einen Abhängigen und Untergebenen, der auf seine Gnade angewiesen war. Man erlaubte sich, die Besitzlosen als Pöbel und Gesindel zu sehen. So eine Situation ist die Zeit für Propheten, Demagogen und politische Agitatoren. Letztere vor allem nützten solche Situationen, um ihre Anhängerschaft vergrößern zu können. Sie verstanden es, gezielt die Schwachstellen des politischen Gegners hervorzuheben. Dabei wurde, wenn es der Sache diente, in der Vergangenheit gewühlt und nach brauchbaren Fakten gesucht.

Für die Sozialisten war dabei das Fehlurteil des Schattendorfprozesses ein wichtiges Indiz, um das ungerechte Verhalten der Christlich- Sozialen Partei an den Pranger zu stellen. Die andere Seite verstand es, den Besitzenden Angst vor einer marxistischen Machtübernahme einzuflößen, was Enteignung bedeuten konnte.

In einer angespannten Lage bedarf es schließlich nur mehr der kleinsten Provokation, die genügt, um die Maschinerie des Verderbens in Gang zu setzen. Das geschah in Bezug auf den Bürgerkrieg von 1934 durch eine Waffensuchaktion der Exekutive im Hauptquartier des Linzer Schutzbundes, dem Hotel Schiff. Seitens der Sozialisten und Kommunisten sah man es als ungerecht an, dass die Heimwehr als paramilitärische Einheit weiterhin erlaubt war, während der Schutzbund verboten wurde. Es war eine von Gefühlen bewegte Entscheidung, die damals vom Linzer Schutzbundführer Richard Bernaschek getroffen wurde, als er ohne Einverständnis der obersten Parteiführung in Wien zum Losschlagen aufrief. Das konnte nur in einem Desaster enden.
Linz, wo der erste Schuss gefallen war, wo es auch die ersten Toten gegeben hatte, stand nach wenigen Stunden wieder unter der Kontrolle von Exekutive und Militär. Attnang-Puchheim beendete den Generalstreik ebenfalls nach ein paar Stunden, als mit dem Eintreffen einer Zugsgarnitur aus Richtung Linz erkannt wurde, dass die Eisenbahner nicht lückenlos mitstreikten. In Holzleithen aber glaubte ein potenter Vertreter der Arbeiterschaft, sein lokales Machtpotential verteidigen zu müssen, indem er mit seinen Leuten weiterhin die Stellung hielt. Vielleicht in der Annahme, diesem abgeschiedenen Winkel des Hausrucks mit seinen paar Schutzbündlern

würde von den Militärs eine zu geringe Bedeutung für eine Truppenverlegung in diese Gegend eingeräumt.
Anders dachte der Vöcklabrucker Bezirkshauptmann Von der Lippe. Er glaubte, seine Bergleute in ihrer Hartnäckigkeit zu kennen und maßregeln zu müssen.
Das Bundesheer wurde angefordert, um die Angelegenheit zu bereinigen.
Das Militär als Schutztruppe nach Holzleithen zu entsenden, kann aus heutiger Sicht als sinnvoll erachtet werden, nur das Vorgehen war unmenschlich und entwürdigend.
Es war zwar notwendig, die bäuerliche Bevölkerung zu schützen, denn es hatte bereits unschöne Übergriffe seitens des Schutzbundes gegeben, in dem den Bauern die Gewehre weggenommen worden waren und ein Heimwehrler eine Schussverletzung erlitten hatte, aber das alles hätte durch Verhandlungen gelöst werden können.
Mit der Einstellung aber, *„diesem Gesindel werden wir es schon zeigen"*, nahm das Schicksal seinen Lauf, sank die Mitmenschlichkeit auf den absoluten Nullpunkt, wurden Menschen wie *„du und ich"* zu Untermenschen degradiert, ohne ein Wort der Verteidigung sagen zu dürfen an die Wand gestellt und zu Tode gebracht.
So wurde Holzleithen ein Ort des Grauens, und ein Ort nicht nur des Gedenkens sondern auch des Nachdenkens darüber, wozu Menschen fähig sind.
Es gibt einige Leute im Kohlenrevier, die sich noch gut an die schrecklichen Ereignisse von damals erinnern können. Dieses Buch, das als Quellensammlung gedacht ist, soll vor allem die Zeitzeugen zu Wort kommen lassen und mit ihren teilweise schrecklichen Erinnerungen die folgenden Generationen vor der Entstehung von politischer Intoleranz warnen.

1. Der Weg in den Bürgerkrieg

Die junge Republik Deutschösterreich stand von Anfang an im Zeichen politischer und wirtschaftlicher Schwierigkeiten. Diese verschärften sich ab den 1920er Jahren. Am 16. Februar 1919 fand die erste Wahl des jungen Staates statt. Dabei ging die Sozialdemokratie als Sieger hervor. Sie errang mit 72 Sitzen vor den Christlichsozialen mit 69 und den Deutschnationalen mit 26 die Mehrheit im Parlament. Am 15. März 1919 wählte die Nationalversammlung eine sozialdemokratisch-christlichsoziale Koalitionsregierung unter Karl Renner als Staatskanzler.

Die bestehenden Rätediktaturen in Bayern und Ungarn bedrohten die noch junge Republik Deutschösterreich.[1]

Im Jahre 1918 bildete sich in Deutschösterreich die älteste kommunistische Partei im europäischen Raum. Bereits seit dem Jahre 1914 tat sich zwischen den sozialistischen Arbeitern und ihren Führern eine tiefe Kluft auf. Die Linksradikalen sowie einzelne linke Sozialdemokraten versuchten, diesen Spalt mit der Gründung einer neuen revolutionären Partei, der Kommunistischen Partei, abzudecken.[2]

Ein Grund für die Bildung der Kommunistischen Partei war auch die Tatsache, dass die sozialdemokratischen Führer zum Entsetzen der Linksradikalen eine Koalitionsregierung mit den Christlichsozialen eingingen. Als die Räterepubliken in den Nachbarländern scheiterten, verlor auch die Kommunistische Partei in Österreich an Einfluss. [3]

Im Bezirk Vöcklabruck dominierten die Sozialdemokraten. In den Orten Wolfsegg, Ottnang, Attnang-Puchheim und später auch in Ampflwang gab es sozialdemokratische Gemeindeverwaltungen.[4]

---

[1] Schüssel, Therese: Das Werden Österreichs. Ein Arbeitsbuch für österreichische Geschichte. – Österreichischer Bundesverlag Wien und München 1968, S. 235

[2] Hautmann, Hans: Die verlorene Räterepublik. Am Beispiel der kommunistischen Partei Deutschösterreichs 1916-1919. – Wien 1970, S. 80f

[3] Zöllner, Erich: Geschichte Österreichs. Von den Anfängen bis zur Gegenwart, Wien 1979 S. 492f

[4] Hans Unterreiner: Der Bergmann, Pionier, masch., S.266. In: Grabner (u.a.): „An die Wand mit ihnen". Zu den Ereignissen des Februar 1934 im Bezirk Vöcklabruck. – Eigenverlag Vöcklabruck 1984, S. 10

Nach dem Ersten Weltkrieg bemühte sich die Arbeiterbewegung im Kohlenrevier, kulturelle und sportliche Aktivitäten zu setzen, um die gesellschaftliche Stellung der Arbeiter zu verbessern. Unter anderem wurden Bildungsabende organisiert, Arbeitersportvereine gegründet und Theateraufführungen veranstaltet.
Die Arbeiterbewegung wurde vom bürgerlichen Lager nicht immer toleriert. So störten die Aktivitäten der Arbeiter manche Pfarrer so sehr, dass sie versuchten, sozialistische Veranstaltungen zu verhindern.[5]
Neben der Arbeiterbewegung stützte sich die Sozialdemokratie auf ihre Parteipresse: Das „Tagblatt“ hatten am 30. 6. 1924 588 Personen abonniert. Das entsprach 6 von 100 SDAPÖ Wählern. Die SDAPÖ-Bezirkszeitung „Vöcklabrucker Wochenblatt“, das zwischen den Jahren 1924 und 1934 erschien, hatte zu diesem Zeitpunkt 2.004 Abonnenten. Das entsprach 19 von 100 SDAPÖ-Wählern. Eine weitere Säule der Sozialdemokratie im Bezirk Vöcklabruck war die Konsumgenossenschaft Attnang mit ihren Filialen.[6]

Im Mai 1919 bekam Deutschösterreich in St. Germain en Laye den Friedensvertrag. In erster Linie ging es bei den Vertragsverhandlungen um die Staatsgrenzen der Republik. So kamen die deutschsprachigen Gebiete Böhmens, Mährens und Schlesiens zur Tschechoslowakei. Südtirol ging an Italien verloren. An Italien fiel auch das Kärntner Kanaltal. Auf Grund einer Volksabstimmung blieb Kärnten ungeteilt bei Österreich. Deutschwestungarn kam ohne die Hauptstadt Ödenburg als Bundesland Burgenland zu Österreich. Aufgrund des Friedensvertrages wurde auch der Name des geschrumpften Staates geändert. Anstatt Republik Deutschösterreich hieß er nun Republik Österreich. Die Siegermächte erklärten die neu entstandene Republik als Rechtsnachfolger der Habsburgermonarchie. Der Friedensvertrag von St. Germain inkludierte außerdem noch eine Begrenzung der

---

[5] Vöcklabrucker Wochenblatt, 11.5.1924, S. 7. In: Grabner (u.a.): „An die Wand mit ihnen“. Zu den Ereignissen des Februar 1934 im Bezirk Vöcklabruck. – Eigenverlag Vöcklabruck 1984, S. 10

[6] Vöcklabrucker Wochenblatt, 11.5.1924, S. 7. In: Grabner (u.a.): „An die Wand mit ihnen“. Zu den Ereignissen des Februar 1934 im Bezirk Vöcklabruck. – Eigenverlag Vöcklabruck 1984, S. 10f

Wehrmacht auf eine Söldnerarmee von 30.000 Mann, ein Verbot der See- und Luftstreitkräfte, die Aufteilung der österreichischen Vorkriegsschulden, die Liquidierung des in feindlichen Staaten befindlichen Vermögens, ein Pfandrecht der Alliierten auf alle Staatseinnahmen sowie die Ablieferung von Lebendvieh. Am 10. September 1919 nahm die deutschösterreichische Nationalversammlung den Friedensvertrag an.[7]

Am 1. Oktober 1920 erhielt die Republik Österreich ihre Verfassung. Sie war von dem Universitätsprofessor Hans Kelsen und einigen Politikern ausgearbeitet worden und stellte einen Kompromiss zwischen zentralistischen und föderalistischen Forderungen dar. Durch die Verfassung war Österreich zu einer demokratischen Republik geworden. Dem Nationalrat kam als Volksvertretung die größte Bedeutung zu. In der Verfassung wurde auch die Autonomie der Bundesländer festgelegt. Diese sollte dem föderalistischen Gedanken gegenüber dem Wiener Zentralismus Rechnung tragen.
Bereits am 17. Oktober 1920 kam es in der Republik Österreich zu Neuwahlen, die von den Christlichsozialen gewonnen wurden. Bundeskanzler wurde Michael Mayr. Die Sozialdemokraten gingen in Opposition. Bald zeigte sich, dass die Regierung mit der wirtschaftlichen Notlage nicht fertig werden konnte. Daher stellten sich Teile der Bevölkerung, Industrielle sowie Politiker die Frage, ob Österreich lebensfähig sei. Aufgrund des Zusammenschrumpfens von einem Großstaat zu einem Kleinstaat wurden rasche Reformen notwendig. Außerdem musste der Verlust von Agrar- und Industriegebieten sowie Rohstoffquellen an die anderen Nachfolgestaaten der ehemaligen Monarchie kompensiert werden. Von den Nachbarstaaten Österreichs kamen nur geringe Einfuhren in die Republik Österreich. Eine Umstellung auf die Bedürfnisse eines Kleinstaates konnte daher nur unter Schwierigkeiten vollzogen werden. Neben dem Problem der Umstellung entwickelte

[7] Schüssel, Therese: Das Werden Österreichs. Ein Arbeitsbuch für österreichische Geschichte. – Österreichischer Bundesverlag Wien und München 1968, S. 235f

sich auch die Inflation zu einer großen Last. Die Inflation brachte große Teile der Bevölkerung in Not, da es durch sie zu einer Entwertung der Ersparnisse sowie der Löhne kam.

Notgeld aus den 1920er Jahren;
Quelle: Privatsammlung OSR Peter Pohn sen.

Nachdem es der Regierung mit Michael Mayr an der Spitze nicht möglich war, die Währungssituation der Republik Österreich zu verbessern, versuchte es Dr. Johannes Schober, der zwischen 1921 und 1922 das Amt des Bundeskanzlers ausübte. Auch Schober hatte wenig Erfolg, da die Bemühungen um Auslandskredite scheiterten. Nur der Vertrag von Lana, der am 16. Dezember 1921 mit der Tschechoslowakei abgeschlossen wurde, brachte einen größeren Kredit. Dieser Vertrag war bei der österreichischen Bevölkerung jedoch sehr unpopulär, da sich Österreich zur Anerkennung der tschechischen Grenzen sowie zum Verzicht auf die Sudetendeutschen Gebiete verpflichten musste. Aufgrund der Unterzeichnung des Vertrages von Lana sowie der Tatsache, dass die Inflation sowie die aufgrund der internationalen Wirtschaftskrise ansteigende Arbeitslosigkeit nicht bewältigt werden konnte, musste Bundeskanzler Dr. Johannes Schober sein Amt zurücklegen. Sein Nachfolger wurde Prälat Dr. Ignaz Seipel. Er versuchte zunächst durch inländische Kredite die Währung zu stabilisieren. Die Bemühungen wurden allerdings bald vom westlichen Ausland untergraben, da es durch ein wirtschaftlich starkes Österreich den Verlust von Einfluss in der jungen Republik befürchtete. Die Furcht vor einem Anschluss Österreichs an Deutschland war sehr groß. Aus diesem Grund trugen die österreichischen Banken, die von Frankreich und England abhängig waren, Bundeskanzler Seipels Selbsthilfeaktion nicht mit. Auch direkte Appelle an die Großmächte blieben ungehört. Deshalb wandte er sich an den Völkerbund. Das Ersuchen um eine finanzielle Unterstützung fand Gehör. Die Genfer Protokolle vom Oktober 1922 besiegelten eine Anleihe von 650 Millionen Goldkronen. Dieses Abkommen zwischen England, Frankreich, Italien und der Tschechoslowakei einerseits sowie Österreich andererseits war an ein Reform- und Sanierungsprogramm gekoppelt. Außerdem kontrollierte ein Generalkommissar des Völkerbundes die Staatsfinanzen. Diese Maßnahmen erreichten ihr Ziel.
Es kam zu einer Senkung des Geldumlaufs und zur Einführung des Schillings. Langsam verbesserte sich auch die wirtschaftliche Lage.

Trotz Investitionen in den Bereichen Energiegewinnung, Straßenbau, Eisenbahn und Tourismus gelang es nicht, die Arbeitslosenrate zu senken. Dies und die Tatsache, dass die Regierung aufgrund des vorgeschriebenen Sparprogramms soziale Kürzungen durchführen musste, führte zu innenpolitischen Spannungen.
Bereits 1919 wurde in Österreich per Gesetz der Achtstundentag eingeführt. Außerdem sicherte das Arbeiterurlaubsgesetz dem Arbeiter einen bezahlten Urlaub. Die gesetzliche Arbeitslosenfürsorge sicherte dem Arbeiter sein Überleben. Außerdem wurden Kollektivverträge, Lehrlingsschutz, Kündigung und Abfertigung gesetzlich festgelegt. Darüber hinaus vertraten Arbeiterkammern die Interessen der Arbeitnehmer.[8]
Das Sozialwerk wurde vom bürgerlichen Lager zugelassen, da es die revolutionäre Energie der Sozialisten beschwichtigen wollte. Bereits im Jahre 1920 folgte der erste größere Vorstoß gegen die Sozialgesetze.[9] Für das bürgerliche Lager war das Sozialwerk nicht mehr zu finanzieren. Außerdem zeigten sich in der zweiten Hälfte der 1920er Jahre seitens des bürgerlichen Lagers erste Tendenzen, die Demokratie in eine Diktatur umzuwandeln. Um dies zu verhindern, gründete die SDAPÖ den Republikanischen Schutzbund, mit dem Ziel, das Sozialwerk und die Demokratie zu verteidigen.
Um das sozialistische Lager überflügeln und ausschalten zu können, vertraute das bürgerliche Lager auf die Heimwehr, die zur Verteidigung Kärntens gegründet wurde. Die Gründung des Republikanischen Schutzbundes geht auf das Jahr 1924 zurück. Ende der 1920er Jahre waren nationalsozialistische Formationen noch sehr schwach. Am 23. Jänner 1927 kam es im burgenländischen Ort Schattendorf zu einem Zusammenstoß zwischen den Frontkämpfern und dem Schutzbund. Die Frontkämpfer waren so wie die Heimwehr ein Selbstschutzverband auf Seiten des bürgerlichen Lagers. Der Zusammenstoß forderte auf sozialdemokratischer Seite zwei Todesopfer: ein Kind

[8] Schüssel, Therese: Das Werden Österreichs. Ein Arbeitsbuch für österreichische Geschichte. – Österreichischer Bundesverlag Wien und München 1968, S. 238f

[9] Zöllner, Erich: Geschichte Österreichs. Von den Anfängen bis zur Gegenwart, Wien 1979 S. 502

und einen Kriegsinvaliden. [10] Am 14. Juli wurden die Frontkämpfer von einem Geschworenengericht freigesprochen. *„Die getöteten Personen seinen selbst schuld an ihrem Tod“,* so lautete die Begründung für den Freispruch. Als Reaktion auf das Urteil strömten hunderttausende Arbeiter zum Justizpalast und setzten diesen in Flammen.[11]
Als die Versuche des Wiener Bürgermeisters Karl Seitz, die Massen zu beruhigen, scheiterten, schossen die Polizisten auf die erbosten Arbeiter. Nach dem Gemetzel waren 85 Todesopfer auf Seiten der Demonstranten und unbeteiligten Passanten, vier Todesopfer unter den Wachebeamten und insgesamt zwischen 500 und 1000 Verletzte gezählt worden.[12] Dieser 15. Juli 1927 brachte die schärfste Auseinandersetzung der österreichischen Arbeiterbewegung und der Staatsgewalt in der Zeit der ersten Republik, zählt man den Bürgerkrieg nicht hinzu.[13]
Der 15. Juli 1927 hatte gezeigt, dass die Sozialdemokratie verwundbar war. Wenn auch nicht durch den Stimmzettel bei Wahlen, so konnte dies mit dem Einsatz der Exekutive geschehen. Die Stärke der Sozialdemokratie war in den Augen ihrer Gegner als Theorie entlarvt worden. Immer wieder verlangten nun politische Gruppen im In- und Ausland ihre Ausschaltung. Was in Ungarn durch Miklos Horthy und in Italien durch Benito Mussolini bereits vollzogen war, sollte nunmehr auch in Österreich geschehen: Die Bildung eines autoritären Führerstaates. Bereits Anfang 1930 sprachen die Faschisten ihre politischen Ziele offen aus. Die Heimwehrführer und einige christlichsoziale Politiker schworen den „Korneuburger Eid“, in dem sie sich zum Ziel der Machtergreifung und zur Errichtung einer faschistischen Diktatur in Österreich bekannten.[14]

---

[10] Schüssel, Therese: Das Werden Österreichs. Ein Arbeitsbuch für österreichische Geschichte. – Österreichischer Bundesverlag Wien und München 1968, S. 239

[11] Peter Kulemann: Am Beispiel des Austromarxismus. Sozialdemokratische Arbeiterbewegung in Österreich von Hainfeld bis zur Dollfuß Diktatur. – Hamburg 1979, S. 348f

[12] Peter Kulemann: Am Beispiel des Austromarxismus. Sozialdemokratische Arbeiterbewegung in Österreich von Hainfeld bis zur Dollfuß Diktatur. – Hamburg 1979, S. 350

[13] Günther Grabner (u.a.): „An die Wand mit ihnen“. Zu den Ereignissen des Februar 1934 im Bezirk Vöcklabruck. – Eigenverlag Vöcklabruck 1984, S. 5

[14] Karl R. Stadler (Hg): „Es wird nicht mehr verhandelt ...“. Der 12. Februar 1934 in Oberösterreich. – Linz 1984, S. 16f

Im Jahre 1930 erreichte Dr. Johannes Schober, der bereits das zweite Mal ins Amt des Bundeskanzlers gewählt wurde, die Aufhebung aller Kriegsschulden und die definitive Liquidierung des Generalpfandrechtes auf die Staatseinnahmen. Die Weltwirtschaftskrise wirkte sich auch in Österreich stark aus. Durch eine Zollunion mit Deutschland versuchte die Österreichische Regierung die Auswirkung der Krise zu schwächen. Frankreich und die kleine Entente, bestehend aus der Tschechoslowakei, Jugoslawien und Rumänien witterte in der Zollunion einen wirtschaftlichen Anschluss an Deutschland sowie einen Bruch der Genfer Protokolle durch Österreich. Der Haager Gerichtshof gab ihnen Recht. Im Juni 1931 brach die Österreichische Creditanstalt zusammen. Sie war die führende Wiener Bank. Die Sanierung drückte stark auf die Staatskasse. Am 13. September 1931 kam es zu einem Putsch des steirischen Heimwehrkommandanten Walter Pfrimer, der gleich am ersten Tag scheiterte.
Eine andere Gefahr für Österreichs Innenpolitik stellte das Anwachsen der Nationalsozialistischen Arbeiterpartei dar. Das seit 1932 im Amt stehende Kabinett Dollfuß wurde aufgrund der faschistischen Einflüsse aus dem Ausland und der finanziellen sowie politischen Probleme stark bedrängt. Mit knapper Mehrheit erlangte Engelbert Dollfuß eine Völkerbundanleihe von 300 Millionen Schilling, um den Auswirkungen der Weltwirtschaftskrise im Staatshaushalt und in der Privatindustrie begegnen zu können.[15]
Die Weltwirtschaftskrise wurde ab dem Jahre 1929 auch im Bezirk Vöcklabruck besonders spürbar. Daher standen für die Arbeiterbewegung kaum noch Geldmittel zur Verfügung. Auch die finanzielle Not in den Arbeiterfamilien wurde größer. Dies war vor allem auf die Massenarbeitslosigkeit zurückzuführen. Im Bezirk waren amtlich per 15. 1. 1932 2.732 Arbeitslose gemeldet. In dieser Statistik schienen allerdings die Ausgesteuerten, also jene, die keine staatliche Unterstützung mehr bekamen, auch auf.[16]

---

[15] Schüssel, Therese: Das Werden Österreichs. Ein Arbeitsbuch für österreichische Geschichte. – Österreichischer Bundesverlag Wien und München 1968, S. 240

[16] Ferdinand Fageth. – Zit. N. Jahrbuch der österreichischen Arbeiterbewegung 1932, hrsg. V. der Parteivertretung der SDAPÖ, Wien 1933, S.214f. In: Grabner (u.a.): „An die Wand mit ihnen“. Zu den Ereignissen des Februar 1934 im Bezirk Vöcklabruck. – Eigenverlag Vöcklabruck 1984, S. 11

Streikende Bergarbeiter, aufgenommen in den 1920er Jahren; Quelle: Privatsammlung Peter Pohn sen.

Es war damals beim Einkaufen vielfach üblich, in Geschäften aufschreiben zu lassen. Das bedeutete, der Kaufmann vermerkte das, was ihm jemand schuldete, in einem Buch. Das war für ihn oft ein großes Wagnis und nicht selten musste er auf die vorgestreckte Geldsumme verzichten.

In Bruckmühl gab es damals einen Kaufmann, der den Armen half, wo er nur konnte. Dadurch war er bei der Bevölkerung geachtet und beliebt. Selbst die Nazis getrauten sich nicht, ihn anzutasten, obwohl er Jude war.
Bei den einzelnen Betrieben gab es schwarze Anschlagtafeln, auf denen die Namen der Entlassenen geschrieben standen. Mit Bangen hielten die Beschäftigten nach dem Ende der Schicht Nachschau, ob ihr Name aufschien. Ein Betriebsleiter soll einmal zu einem Heimwehrler gesagt

haben, als dieser fragte, ob er sicher bleiben könnte: *„Bevor sie entlassen werden, schmeiße ich vorher alle Kolonisten hinaus."* [17]
Gruppendynamisch war der Schutzbund in den Arbeitersiedlungen auf das Ziel ausgerichtet, *„sich nicht alles gefallen zu lassen"*. In Holzleithen und Hausruckedt, wo fast keine Angestellten wohnten, war der Kampf gegen die Obrigkeit stärker ausgeprägt, als das in Thomasroith der Fall war, wo viele Angestellte wohnten, die eher zum Heimwehrlager tendierten.[18]
Im Oktober 1932 gelang es dem Major a. D. Emil Fey zum Staatssekretär für das Sicherheitswesen in das Kabinett Dollfuß aufgenommen zu werden. Nun war ein Gegner der Demokratie Mitglied des Kabinetts und für die Verfassung zuständig. Fey versuchte von nun an innerhalb der Regierung Druck auf die demokratische Republik auszuüben. Er verfolgte das Ziel, die Demokratie abzuschaffen. Die Regierung war aber nicht nur diesem Druck von innen ausgesetzt. Auch die faschistischen Nachbarstaaten Italien und Deutschland verlangten die Umwandlung der demokratisch gewählten Regierung Österreichs in eine Diktatur. Bundeskanzler Dollfuß hatte nun zwei Möglichkeiten eines Bündnisses: Zum einen konnte er mit den österreichischen Sozialdemokraten zusammenarbeiten und zum anderen bestand die Option, Österreich an das faschistische Italien zu binden. Er entschied sich für die zweite Variante und gab somit auch die Demokratie auf. Anlass dafür war ein Streit im Nationalrat. Als dieser im Anschluss daran ohne Präsident war, schaltete Engelbert Dollfuß kurzerhand das Parlament aus und regierte mit Hilfe des kriegswirtschaftlichen Ermächtigungsgesetzes von 1917.[19]
Der autoritäre Kurs ging weiter. Am 26. Mai 1933 wurde die KPÖ verboten. Etwa zwei Monate vorher kam es bereits zum Verbot des Republikanischen Schutzbundes. Darauf folgten unter anderem das Verbot der 1. Mai – Demonstrationen in Wien, das Versammlungsverbot,

[17] Interview OSR Peter Pohn sen., am 24.11.2005

[18] Interview OSR Peter Pohn sen., am 24.11.2005

[19] Karl R. Stadler (Hg): „Es wird nicht mehr verhandelt ...". Der 12. Februar 1934 in Oberösterreich. – Linz 1984, S. 16f

die Einführung der Plakat- und Zeitungszensur, die Absetzung der Betriebsräte und die Ausschaltung der Arbeiterkammern.[20]
Nachdem es seit Hitlers Machtantritt in Deutschland immer wieder auch zu Gewaltakten in Österreich, durchgeführt von Nationalsozialisten, kam, wurde auch die Nationalsozialistische Partei verboten. Zahlreiche junge Anhänger dieser Partei begaben sich über die Grenze nach Deutschland, wo sie zu einer militärischen Formation, der „Österreichischen Legion“ zusammengefasst wurden. Bundeskanzler Dollfuß unternahm Befriedungsversuche, indem er zu nationalsozialistischen Persönlichkeiten Kontakt aufnahm. Diese blieben allerdings erfolglos. Auch die Sozialdemokraten wollten einlenken. Karl Renner verhandelte mit christlichsozialen Politikern und mit Bundespräsident Dr. Wilhelm Miklas. Diese Versuche scheiterten allerdings, weil Mussolini einen harten Kurs gegen die Sozialdemokratie verlangte. Dies entsprach auch dem offen verkündeten Programm der Heimwehren unter Starhemberg und Fey. Dollfuß wollte keine Nachahmung des italienischen Faschismus in Österreich. Er verfolgte das Modell des christlichen Ständestaates, das an Stelle der Parteien berufsständische Organisationen setzen sollte. Bundeskanzler Dollfuß gründete deshalb die Partei „Vaterländische Front“. Diese Organisation sollte berufsständisches Denken und österreichische Gesinnung pflegen.[21]
Die Regierungsmaßnahmen wurden von der sozialdemokratischen Führung ohne Gegenaktionen hingenommen. Lediglich verbale Proteste wurden unternommen. Einerseits glaubte man mit der Strategie des Rückzugs Dollfuß auf halber Strecke des Weges zur offenen Diktatur zum Stehen bringen zu können. Andererseits wurde die Meinung vertreten, dass angesichts der Situation in Deutschland seit der Machtübernahme Hitlers Dollfuß das geringere Übel sei.[22]

---

[20] Hans Hautmann / Rudolf Kropf: Die österreichische Arbeiterbewegung vom Vormärz bis 1945. Sozialökonomische Ursprünge ihrer Ideologie und Politik. - Wien, München, Zürich 1974, S 101f

[21] Schüssel, Therese: Das Werden Österreichs. Ein Arbeitsbuch für österreichische Geschichte. – Österreichischer Bundesverlag Wien und München 1968, S. 240f

[22] Peter Kulemann: Am Beispiel des Austromarxismus. Sozialdemokratische Arbeiterbewegung in Österreich von Hainfeld bis zur Dollfuß Diktatur. – Hamburg 1979, S. 375

In den 1930er Jahren verfügte der Republikanische Schutzbund österreichweit über maximal 80.000 Genossen. Die Heimwehr hatte etwa rund 120.000 aktive Mitglieder. Das Bundesheer besaß einen Höchststand von rund 24.000 Soldaten. Die Zahl der „kämpfenden Mitglieder" war allerdings geringer. Auf Seiten des Schutzbundes sowie der Heimwehr waren es 60.000 Mann, wobei aber nur ein Teil der Schutzbündler zu den Waffen griff.[23]

---

[23]Karl Starke: Kohlenbergbau in der Gemeinde Ottnang. - Kilian Verlagsges.m.b.H Vöcklabruck 2000, S. 81

2. Was während des österreichischen Bürgerkrieges im Februar 1934 in Holzleithen geschah

Am 8. Februar 1934 erhielt der Schutzbundkommandant des Kohlenreviers, der Betriebsrat und Landtagsabgeordnete Ferdinand Fageth, von Richard Bernaschek die Weisung, Bereitschaft zu halten. Einen Tag später suchte die Polizei im Kohlenrevier nach Waffen. Sie wurde in der Nähe von Hausruckedt fündig.[24]
In einer Schliergrube war laut Polizeiprotokoll vom 19. März 1934 des Gendarmeriepostens Ottnang am Hausruck eine Kiste, welche einen Meter tief in der Erde vergraben war, gefunden worden. In der Kiste befanden sich drei Stück Infanteriegewehre, zwei Stück Handgranaten und eine größere Anzahl verschiedenster Munition. Die Kiste wurde von den Gendarmen beschlagnahmt.[25]
Am 12. Februar um 4.30 Uhr führte die Gendarmerie bei Fageth und Schutzbundunterführer Josef Skrabal Hausdurchsuchungen durch. Skrabal war bis zum Zeitpunkt der Auflösung des Republikanischen Schutzbundes technischer Leiter dieser Gruppierung. Gleichzeitig wurde Anton Hüttl verhaftet.[26]
Einige Stunden, nachdem die Hausdurchsuchungen in der Gemeinde Ottnang beendet waren, kam die Meldung von den Linzer Kämpfen in das Kohlenrevier. Ferdinand Fageth erkannte von Anfang an die Schwächen des Schutzbundes. Dennoch rief er zum Generalstreik auf. Er bekam gegen 10.00 Uhr durch einen Kurier die Order, seine Genossen nach Attnang marschieren zu lassen.[27]
Aufgrund dieser Botschaft begannen die Führungskräfte des Republikanischen Schutzbundes Holzleithen-Hausruckedt, allen voran Ferdinand Fageth, die Arbeiterschaft zu verständigen. Da die einzelnen

---

[24] Hubert Hummer: Hausruck-Kohlenrevier: Der Aufstand der Bergarbeiter. In: Karl R. Stadler (Hg): „Es wird nicht mehr verhandelt ...“. Der 12. Februar 1934 in Oberösterreich. – Linz 1984, S. 57-75 hier S. 77

[25] Protokoll des Gendarmeriepostens Ottnang, vom 19. März 1934

[26] Hubert Hummer: Hausruck-Kohlenrevier: Der Aufstand der Bergarbeiter. In: Karl R. Stadler (Hg): „Es wird nicht mehr verhandelt ...“. Der 12. Februar 1934 in Oberösterreich. – Linz 1984, S. 57-75 hier S. 77

[27] Günther Grabner (u.a.): „An die Wand mit ihnen“. Zu den Ereignissen des Februar 1934 im Bezirk Vöcklabruck. – Eigenverlag Vöcklabruck 1984, S. 15

Kolonien und Betriebsorte weit auseinander lagen und darüber hinaus das Werkstelefon nicht benützt werden konnte, gestaltete sich die Verständigung als äußerst schwierig. Dennoch gelang es, viele Schutzbündler in Holzleithen zu versammeln.[28]
Laut Polizeiprotokoll mussten die Schutzbundführer einige Arbeiter dazu zwingen, sich am Generalstreik zu beteiligen. Ein Arbeiter gab folgendes an:

Am Montag, dem 12. 2. 1934 mittags hat mich der Schutzbundführer Friedrich Hüttl, als ich in der Ortschaft Hausruckedt weilte, gezwungen, mit mehreren Schutzbündlern nach Holzleithen zu marschieren. In Holzleithen bekam ich vom Schutzbundkommandanten Ferdinand Fageth den Befehl, mit einem Gewehr bewaffnet, Patrouillendienst zu verrichten. Um 17.30 Uhr rückte ich von diesem Dienst in das Arbeiterheim ein. Am 13. 2. 1934 in der Früh zwang mich Ferdinand Fageth abermals, für zwei Stunden Patrouillendienst zu verrichten. Beim Eintreffen der Exekutive befahl mir Ferdinand Fageth, zu schießen. Ich habe dem Fageth erwidert, mit einem Gewehr nicht umgehen zu können. Fageth belehrte mich im Schießen und gab mir ein geladenes Gewehr. Fageth bedrohte mich mit einer Pistole und erklärte, mich auf der Stelle zu erschießen, falls ich nicht gewillt wäre zu schießen.[29]

---

[28] Hubert Hummer: Hausruck-Kohlenrevier: Der Aufstand der Bergarbeiter. In: Karl R. Stadler (Hg): „Es wird nicht mehr verhandelt ...". Der 12. Februar 1934 in Oberösterreich. – Linz 1984, S. 57-75 hier S. 77

[29] Protokoll des Gendarmeriepostens Ottnang, vom 26. Februar 1934

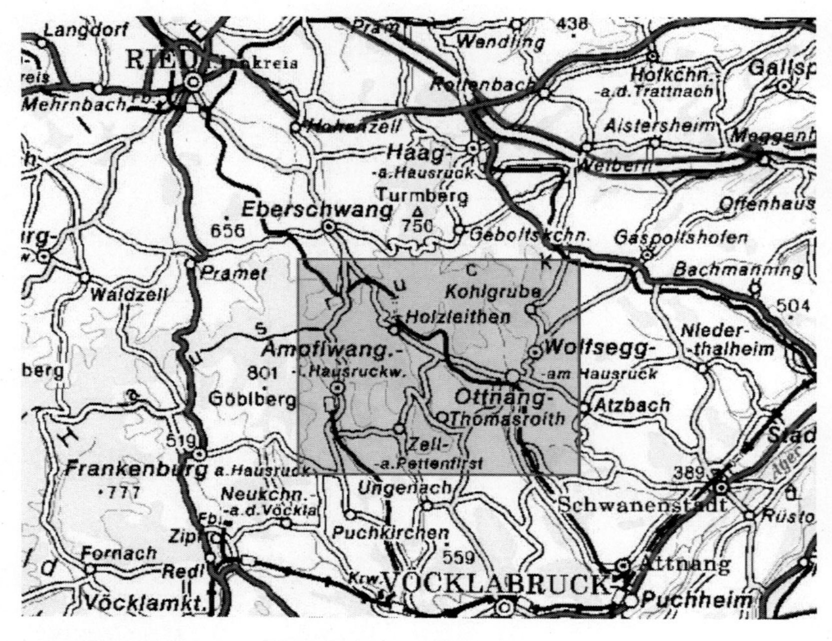

Einige Mitglieder der Heimwehr, also Heimatschützer, wurden von Schutzbündlern in ihren Wohnungen aufgestöbert und aufgefordert, mit ins Arbeiterheim zu kommen. Dort wurden sie in einem Nebenraum festgehalten. Außerdem sollten sie verraten, wo die Heimwehr ihre Waffen versteckte und welche Weisungen sie von ihren Führern erhalten hätten. Ein Heimatschützer gab folgendes zu Protokoll:

Am 12. Februar 1934 kam der Schutzbundführer Skrabal in meine Wohnung und forderte mich auf mitzugehen und sagte: „Jetzt ist für uns die Zeit gekommen - entweder - oder“, und hielt mir den Revolver an die Brust.

Das Arbeiterheim in Holzleithen, aufgenommen um 1934; Quelle: Privatsammlung Josef Pohn

Am Vormittag des 12. Februar wurden Patrouillen ausgeschickt. Eine, unter der Leitung von Josef Skrabal, sollte den Gendarmerieposten in Ottnang ausheben.[30] Außerdem wollte Skrabal auf dem Weg nach Ottnang einige Heimatschützer verhaften.
Im Polizeiprotokoll vom 19. März 1934 vermerkte der damalige Revierinspektor Adolf Fischer den Gang von Josef Skrabal mit einem Trupp Schutzbündler so:

Um 12 Uhr 45 Min. machte die Gastwirtin Bachmaier aus Bruckmühl dem Rev. Insp. Fischer die telephonische Mitteilung, dass der Schutzbund Holzleithen und Hausruckedt alarmiert und bewaffnet wurde, eine zehn Mann starke Schutzbundpatrouille unter Kommando des Skrabal am Wege nach Ottnang marschiere und die hiesigen Beamten verhaften und den Posten besetzen wolle.

[30] Hubert Hummer: Hausruck-Kohlenrevier: Der Aufstand der Bergarbeiter. In: Karl R. Stadler (Hg): „Es wird nicht mehr verhandelt ...". Der 12. Februar 1934 in Oberösterreich. – Linz 1984, S. 57-75 hier S. 77

Weiters teilte die Gastwirtin Bachmaier mit, dass Josef Skrabal in der Ortschaft Bergern den Heimatschützer Anton Berger angeschossen habe. Dieser soll sich geweigert haben mitzugehen.[31] Josef Skrabal schoss ihm in den Hals und ging dann weiter.[32]
Als Revierinspektor Fischer von dieser Begebenheit erfuhr, ließ er laut Polizeiprotokoll die beiden eingeteilten Beamten, die sich gerade beim Mittagessen befanden, durch Boten verständigen und wies sie an, sofort auf den Posten zu kommen. Nach Eintreffen der beiden Gendarmen marschierten sie nach Bergern, um die Schutzbundpatrouille zu entwaffnen und zu verhaften. Der damalige Gemeindearzt Dr. Franz Hitzenberger sen. fuhr zur gleichen Zeit nach Bergern, um den verletzten Heimatschützer Anton Berger zu verarzten. Er holte die beiden Gendarmen ein und nahm sie mit. In Bergern erfuhren die Gendarmen von der Bevölkerung, dass der Schutzbund die Straßen bis Bruckmühl besetzt habe und der angeschossene Anton Berger bereits in seiner Wohnung liege. Daraufhin verarztete Dr. Hitzenberger sen. den Verwundeten und veranlasste dessen Überführung ins Krankenhaus nach Vöcklabruck. Die Gendarmen konnten die Schutzbundpatrouille nicht fassen, da diese ca. 500 Meter vor Ottnang den Rückmarsch nach Holzleithen startete.[33]
In der Zwischenzeit hoben Schutzbündler im Ort Schützengräben aus, die von den Frauen der Arbeiter hergerichtet wurden. Außerdem sprengten Schutzbündler die Gleise im Hausrucktunnel. Im Polizeiprotokoll vom 26. Februar 1934, aufgenommen von Revierinspektor Adolf Fischer, ist dieser Tatbestand folgendermaßen geschildert:

Bereits am 12.2.1934 nachmittags forderte Fageth die im Arbeiterheim versammelten Schutzbündler zum Sprengen des Bahngleises durch den Hausrucktunnel auf und fragte, wer sich zu dieser Handlung freiwillig meldet.[34]

---

[31] Protokoll des Gendarmeriepostens Ottnang, vom 19. März 1934

[32] Chronik des Franziskaner Hospiz Bruckmühl zum Februar 1934

[33] Protokoll des Gendarmeriepostens Ottnang, vom 19. März 1934

[34] Protokoll des Gendarmeriepostens Ottnang, vom 26. Februar 1934

Es meldeten sich zwei Bergmänner, die von Ferdinand Fageth zwei Stück Ammonitpatronen erhielten, um damit die Gleise zu sprengen. Es gelang ihnen allerdings nicht auf Anhieb. Sie erhielten daher neuerlich vier Patronen. Damit gelang das Vorhaben der Bergmänner und sie legten damit den Schienenverkehr durch den Hausrucktunnel für zwei Tage lahm.[35]
Auf der Innviertler Seite des Hausrucks kam es am Nachmittag zu den ersten Kämpfen. Oberhalb des Hausrucktunnels waren Schutzbündler postiert. Diese schossen auf einen Personenzug, der das anrückende Militär aus Ried im Innkreis beförderte. Die Schutzbündler verwundeten einige Soldaten. Um die Soldaten aus der prekären Situation zu befreien, fuhr der Zug zurück. Das Bundsheer wartete auf Verstärkung und versuchte über den Hausruckwald nach Holzleithen vorzurücken. Knapp vor dem Ortseingang kamen sie abermals in Bedrängnis. Der befehlshabende Leutnant wollte verhandeln und wurde aus diesem Grund zu Ferdinand Fageth ins Arbeiterheim gebracht. Dort vereinbarten die beiden einen Waffenstillstand.[36]
Gegen 20.00 Uhr ließ Fageth den Schutzbund im Saal des Arbeiterheimes vergattern und hielt an die Versammelten eine Ansprache, in der er die Schutzbündler zum Durchhalten aufforderte.[37] Unter anderem sagte er laut Angaben eines gefangenen Heimatschützen folgendes zu seinen Genossen:

„Heute haben wir nur einen kleinen Anfang gemacht. Morgen werden wir noch etwas ganz anderes erleben. Gekämpft wird bis auf den letzten Mann.“ [38]

Nachdem sich das Militär zurückgezogen hatte, ging Josef Skrabal mit einigen Genossen, die ihm Feuerschutz geben sollten, zum Hausruck-

---

[35] Protokoll des Gendarmeriepostens Ottnang, vom 26. Februar 1934

[36] Hubert Hummer: Hausruck-Kohlenrevier: Der Aufstand der Bergarbeiter. In: Karl R. Stadler (Hg): „Es wird nicht mehr verhandelt ...“. Der 12. Februar 1934 in Oberösterreich. – Linz 1984, S. 57-75 hier S. 77

[37] Protokoll des Gendarmeriepostens Ottnang, vom 26. Februar 1934

[38] Protokoll des Gendarmeriepostens Ottnang, vom 2. März 1934

Tunnel, um den Waffenstillstand zu kontrollieren. Als er alleine durch den Tunnel ging, kam es auf der Innviertler Seite des Tunnels, wo sich das Militär befand, zu einem Schusswechsel. Skrabal wurde tödlich getroffen. Seine Helfer konnten flüchten.[39] Als die beiden Schutzbündler Johann Lobmaier und Josef Zeilinger die Schüsse auf Skrabal hörten, eilten sie zum Tunnelausgang. Auch sie wurden verwundet und starben.

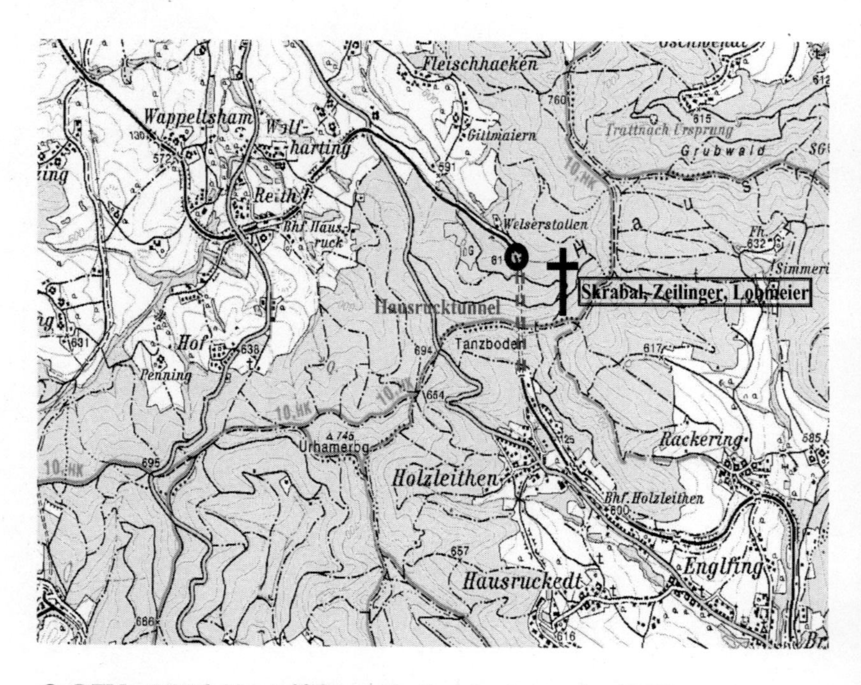

© BEV - 2006, Vervielfältigt mit Genehmigung des BEV – Bundesamtes für Eich- und Vermessungswesen in Wien, EB 2006/00387

[39]Hubert Hummer: Hausruck-Kohlenrevier: Der Aufstand der Bergarbeiter. In: Karl R. Stadler (Hg): „Es wird nicht mehr verhandelt ...“. Der 12. Februar 1934 in Oberösterreich. – Linz 1984, S. 57-75 hier S. 77

Auch in Attnang-Puchheim wurde am 12. Februar 1934 um 11.45 Uhr durch ein Sirenensignal der Generalstreik angekündigt. Hier befand sich der Sitz der Sozialdemokratischen Bezirksorganisation. Aus diesem Grund waren die Attnanger Schutzbündler gut über die Kampfhandlungen in Linz informiert. Kurze Zeit nach Beginn der Kampfhandlungen in Linz, als die ländlichen Schutzbündler und die Gendarmerie noch nichts vom Bürgerkrieg wussten, hat der Bezirksschutzbundführer Karl Sulzberger in Attnang-Puchheim ca. 30 Leute heimlich in das Arbeiterheim berufen und sie dort mit Pistolen, später auch mit Gewehren, ausgerüstet. Der Trupp hat sich dann mit versteckt getragenen Waffen unauffällig zum Gemeindehaus begeben, wo sich auch der Gendarmerieposten befand. Die Schutzbündler besetzten das Gemeindehaus.

Arbeiterheim in Attnang –Puchheim, aufgenommen 1934;
Quelle: Privatarchiv Helmut F. Böhm, Attnang-Puchheim

Altes Gemeindehaus, aufgenommen 1910;
Quelle: Privatarchiv Helmut F. Böhm, Attnang-Puchheim

Des weiteren besetzten bewaffnete Angehörige des Schutzbundes den Bahnhof, das Heizhaus und Ämter. Dabei wurden der Bahnhofsvorstand, sein Stellvertreter und der Fahrdienstleiter verhaftet. Unter anderem führten die Schutzbündler bei Mitgliedern der Wehrverbände Hausdurchsuchungen durch. Der Bahnverkehr wurde unterbrochen. Bahnhofsvorstand war damals der Bahnschreiber Franz Krempler. Dieser fungierte auch als Obmann–Stellvertreter der Sozialdemokratischen Ortsgruppe Attnang-Puchheim. Im Heizhaus kam es zu einer Versammlung der Bahn- und Heizhausbediensteten. Der Bezirksobmann der Sozialdemokraten, Bahnschlosser Karl Jakubetz, und der Obmann des Bundes der Sowjetfreunde, Schlosser Josef Seilinger, hielten Reden. Dabei forderten sie ihre Genossen zur Einhaltung des Generalstreiks und zur Unterstützung der aufständischen Bewegung auf.

Es kam aber nur ein kleiner Teil den Aufforderungen nach. Die Mehrheit der versammelten Eisenbahner verhielt sich reserviert. Immerhin waren schon 150 Schutzbündler an den Aktionen beteiligt. Später kamen noch welche von Vöcklabruck und Lenzing hinzu. Die Anzahl steigerte sich auf ca. 250 meist bewaffnete Schutzbündler, die sich am Aufstand beteiligten.[40]

Am 12. Februar um ca. 15 Uhr kam unter der Leitung von Oberleutnant Spiler eine 35 Mann starke Abteilung der Alpenjäger aus Wels und eine 12 Mann starke Schutzkorpsabteilung unter Rev. Insp. Denkmaier aus Schwanenstadt nach Attnang-Puchheim. Die beiden Gruppen benutzten den Straßenweg. Sie konnten erst nach der Beseitigung von Hindernissen, es lagen von Schutzbündlern gefällte Bäume auf der Straße, einmarschieren. Als dies gelang, setzten sie den Bahnhof frei. Die Schutzbündler zogen sich auf die Anhöhe bei der Ortstafel Steinhübl, Gemeinde Attnang-Puchheim, zurück. Dort trafen auch noch einzelne auswärtige Schutzbundgruppen ein.
Vorher hatten die Attnanger Schutzbündler beim Arbeiterheim aus Wägen und Bierfässern Barrikaden errichtet.
Nach mehrfachen Angaben sollten die Schutzbündler aus dem Kohlenrevier Holzleithen – Thomasroith bis zum 13. Februar um 3 Uhr morgens zu den bei Attnang-Puchheim konzentrierten Schutzbündlern stoßen und den schon wieder aufgenommenen Verkehr auf den Bahnlinien Linz – Salzburg, Attnang-Puchheim – Steinach-Irdning und Attnang-Puchheim – Schärding, durch Besetzung neuerlich unterbrechen.[41]

Die in den Abendstunden des 12. Februar aufgebotenen Orts – Wehrverbände der Heimwehr und des Freiheitsbundes konnten nicht rechtzeitig genügend bewaffnet werden. Die Militärabteilung und die Schwanenstädter Abteilung des Schutzkommandos wurden nach der Entsetzung des Bahnhofes abgezogen, so dass der Exekutive von Attnang-Puchheim ein schwerer Kampf mit der Übermacht der Schutzbündler, speziell in der Nacht vom 12. zum 13. Februar, be-

---

[40] Gendarmeriechronik Attnang-Puchheim vom 12.2.1934

[41] ebenda

vorstand, wozu Vorbereitungen getroffen wurden. Abgesehen von ganz vereinzelten Schüssen verlief die Nacht jedoch ruhig. Das nasskalte Wetter und die Erkenntnis, dass der Putsch nicht überall planmäßig durchgeführt wurde – der Bahnverkehr wickelte sich reibungslos ab – lockerte die Reihen der Schutzbündler. Insbesondere waren es die Eisenbahner, die ihre Waffen zurückließen und am 13. Februar wieder ihren Dienst verrichteten. Ebenso gingen noch in der Nacht die meisten auswärtigen Schutzbundgruppen in ihren Wohnort zurück. Der Rest von 60 – 80 Schutzbündlern begab sich mit den meisten Waffen zu den Schutzbündlern in das Kohlenrevier.

In Attnang-Puchheim wurden sofort nach der Befreiung der Exekutive und Entsetzung des Ortes wegen Aufruhrsdelikten 84 Verhaftungen, 86 Hausdurchsuchungen vorgenommen, 18 Strafanzeigen erstattet und zahlreiche Beschlagnahmungen vorgenommen, darunter 1 Maschinengewehr, 18 Gewehre, außerdem Gewehrbestandteile und 514 Stück Gewehrpatronen, 7 Revolver, 12 Bajonette, 3 scharfe Handgranaten, 44 Röhren für Handgranaten, 1 Schachtel Sprengkapseln, 15 kg Donarit – Sprengpatronen, 4 Bund Zündschnüre, Ausrüstungssachen etc.
Die Schutzbundführer Karl Sulzberger und Josef Seilinger aus Attnang-Puchheim wurden in Gmunden bzw. Riedau verhaftet, wogegen der Bezirksobmann der Sozialistischen Partei nach Zürich flüchtete. Mehrere der am Aufruhr teilnehmenden Schutzbündler stellten sich selbst der Gendarmerie, andere wurden von auswärtigen Posten verhaftet bzw. angezeigt.[42]

---

[42] Gendarmeriechronik Attnang-Puchheim vom 12.2.1934

Eine Attnanger Heimwehr-Abteilung nach der Niederschlagung des Aufruhrs; Quelle: Privatarchiv Helmut F. Böhm, Attnang-Puchheim

Am 13. Februar um 6.30 Uhr kam es beim Gasthaus Kaiserwirt zu einem Zusammenstoß zwischen Attnanger Schutzbündlern und der Heimwehr Pettenfirst. Diese nutzten den „Kaiserwirt“ als Vereinslokal. Der Schutzbündler Josef Reisenberger aus Attnang-Puchheim fiel. Der Heimwehrführer Ing. Heinrich Zukrigl wurde schwer verwundet. Es kam auch zu einem zivilen Opfer. Die beim Kaiserwirt angestellte Magd Anna Hager wurde tödlich verwundet. Sie verstarb im Krankenhaus Vöcklabruck an ihren Verletzungen.[43]

---

[43]Hubert Hummer: Hausruck-Kohlenrevier: Der Aufstand der Bergarbeiter. In: Karl R. Stadler (Hg): „Es wird nicht mehr verhandelt ...“. Der 12. Februar 1934 in Oberösterreich. – Linz 1984, S. 57-75 hier S. 77 f

Gasthaus Kaiserwirt, aufgenommen in den 1920er Jahren; Quelle: Privatsammlung Fam. Deix

Eisenbahnverbindungen nach Holzleithen

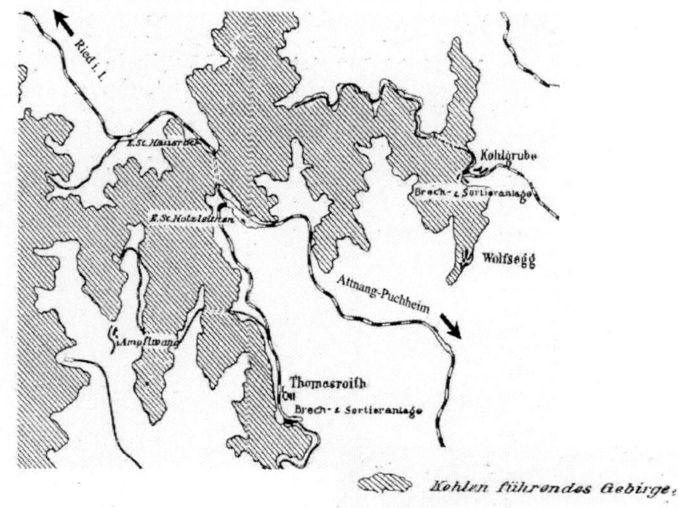

Skizze: Mario Glück, 2006

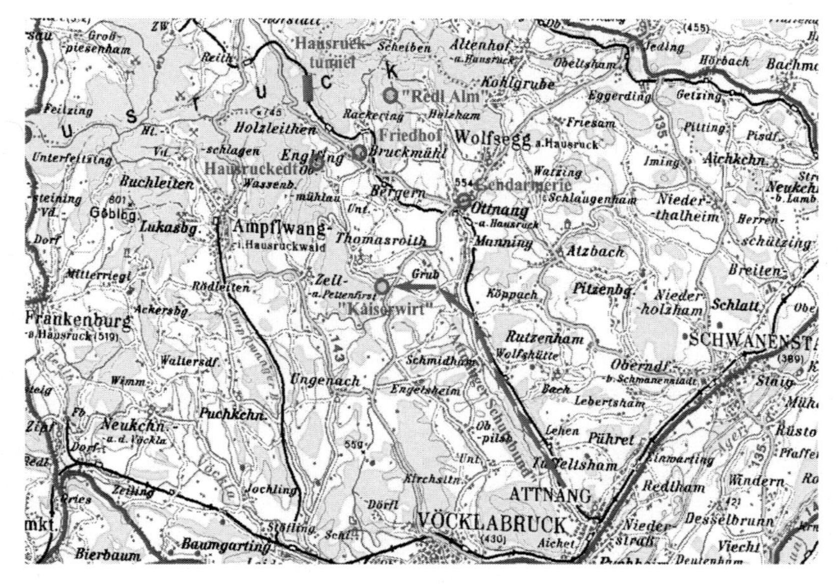

© BEV - 2006, Vervielfältigt mit Genehmigung des BEV –
Bundesamtes für Eich- und Vermessungswesen in Wien, EB 2006/00387

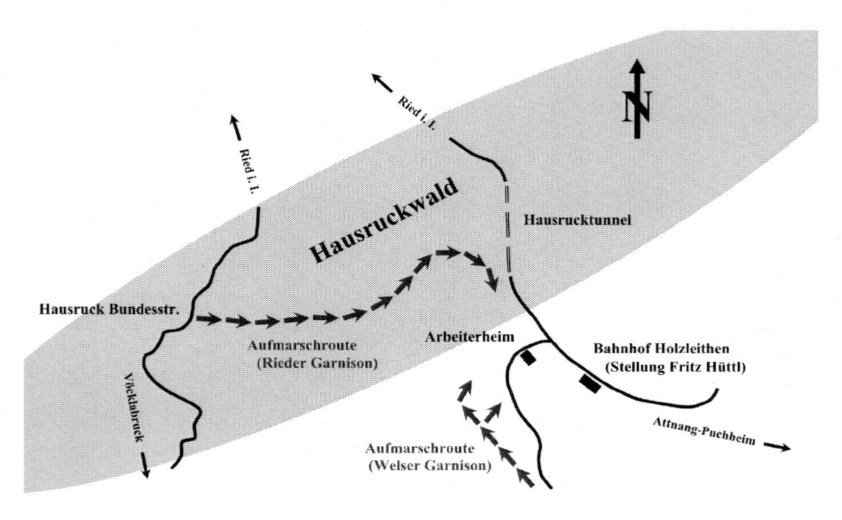

Skizze: Mario Glück, 2006

Vormittags gegen 10 Uhr erreichten Welser Alpenjäger, Heimatschützer und Gendarmen, von Vöcklabruck kommend, Holzleithen. Auch die Gendarmen vom Posten Ottnang schlossen sich den Alpenjägern an.[44] Sie rückten über Hausruckedt gegen das Arbeiterheim vor und mussten dabei eine vom Bahnhof Holzleithen gut einsehbare Fläche überwinden.
Als das Militär näher kam, glaubte Ferdinand Fageth das Arbeiterheim nicht mehr halten zu können. Aus diesem Grund ließ er es räumen und marschierte mit ca. 30 Mann in nördlicher Richtung in den Wald. Die Truppen am Bahnhof und beim Sportplatz verständigte er nicht. Als er aus der Richtung Hausrucktunnel Schüsse hörte und vermutete, dass auch von dieser Seite Militär in Anmarsch war, zog er sich auf die „Redl-Alm" zurück.[45] Von der „Redl-Alm" aus wollte er noch einmal einen Angriff auf das Militär starten. Er schickte einen Boten nach Kohlgrube, da er sich von den dortigen Schutzbündlern Verstärkung versprach. Der zurückkommende Bote berichtete, dass die Kohlgruber Genossen keine Waffen besäßen.[46]

---

[44] Protokoll des Gendarmeriepostens Ottnang, vom 19. März 1934

[45] ebenda

[46] Hubert Hummer: Hausruck-Kohlenrevier: Der Aufstand der Bergarbeiter. In: Karl R. Stadler (Hg): „Es wird nicht mehr verhandelt ...". Der 12. Februar 1934 in Oberösterreich. – Linz 1984, S. 57-75 hier S. 78

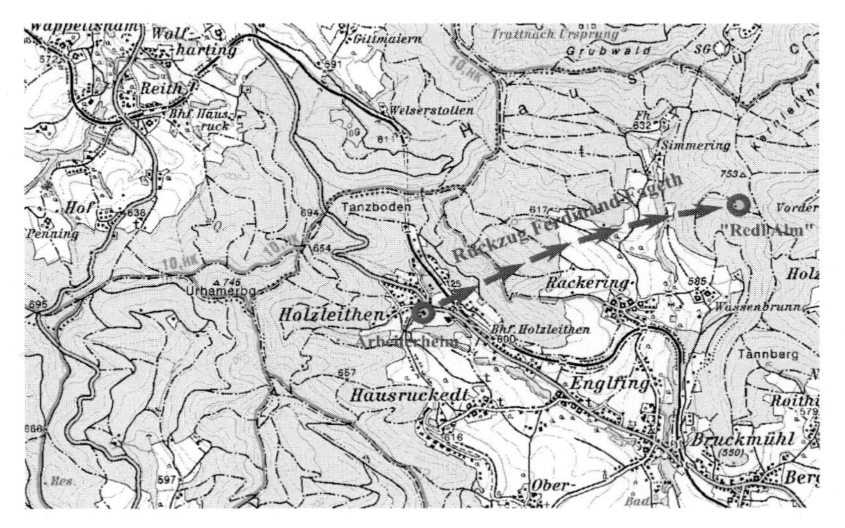

© *BEV - 2006, Vervielfältigt mit Genehmigung des BEV –*
Bundesamtes für Eich- und Vermessungswesen in Wien, EB 2006/00387

In der Zwischenzeit war das Rieder Militär über den Waldrücken in Holzleithen angelangt. Die Welser Alpenjäger setzten zum Sturm auf das Arbeiterheim an, das bereits geräumt war. Nur Frauen, Kinder und Schutzbundsanitäter waren noch im Haus. Ohne Kontakt zu den Kämpfenden zu haben, verbrachten sie bereits mehrere Stunden im Keller. Dort befand sich eine Sanitätsstation.[47]

Gegen 16.00 Uhr erreichten die Soldaten das Arbeiterheim und waren im Begriffe dieses einzunehmen. Zur Verteidigung schossen die Schutzbündler aus Häusern und ihren Stützpunkten am Bahnhof, dem Arbeiterheim und dem Sportplatz.[48]
Als die Schutzbündler, die sich noch im Arbeiterheim befanden, die Aussichtslosigkeit ihrer Situation erkannten, schwenkte ein Schutzbündler irrtümlich die weiße Fahne an einer Stelle, die für Fritz Hüttl,

[47] Günther Grabner (u.a.): „An die Wand mit ihnen". Zu den Ereignissen des Februar 1934 im Bezirk Vöcklabruck. – Eigenverlag Vöcklabruck 1984, S. 16

[48] Hubert Hummer: Hausruck-Kohlenrevier: Der Aufstand der Bergarbeiter. In: Karl R. Stadler (Hg): „Es wird nicht mehr verhandelt ...". Der 12. Februar 1934 in Oberösterreich. – Linz 1984, S. 57-75 hier S 78

der den Stützpunkt am Bahnhof kommandierte, nicht einsehbar war. Als die Soldaten die weiße Fahne sahen, gingen sie aufrecht auf das Arbeiterheim zu. In der Annahme, es seien noch viele Schutzbündler im Arbeiterheim, legte er ein Sperrfeuer, um ihnen die Flucht zu ermöglichen. Als die Soldaten ins Heim eindrangen, flüchtete Hüttl. Die Einnahme des Arbeiterheimes durch Gendarmerie, Militär und Heimwehr erfolgte ohne Schüsse. Der stellvertretende Bezirkshauptmann Dr. Frühwirt nahm das Sperrfeuer zum Anlass, die im Arbeiterheim hinterbliebenen Sanitäter und Schutzbündler an die Wand zu stellen.

Dabei fanden vier von ihnen den Tod. Der in Thomasroith ansässige Arzt Dr. Franz Hitzenberger sen. wurde telephonisch ins Arbeiterheim gerufen. Durch sein mutiges Auftreten konnte er zwei Sanitätern das Leben retten. Als er in den Kinosaal kam und sah, dass nicht alle der sechs an die Wand gestellten Sanitäter tödlich getroffen waren, hinderte er die Todesschützen daran, die Verwundeten zu töten. Es handelte sich dabei um Josef Zaribnicky, den Leiter des Sanitätstrupps sowie Johann Hamminger. Zaribnicky stellte nach den Erschießungen Dr. Frühwirt zur Rede. Dieser erwiderte, dass er lediglich *„an die Wand mit ihnen“* gesagt habe. Vom Erschießen sei keine Rede gewesen. Bis heute konnte nicht geklärt werden, wer wirklich geschossen hat.[49] Im Gendarmeriebericht des Gendarmeriekommandos Ottnang wird die weiße Fahne nicht erwähnt. Besonders hervorgehoben wird die Arbeit der Gendarmen während der Kampfhandlungen. Auch die Erschießungen im Kinosaal werden nicht erwähnt.[50]
Die Nachricht vom Ausgang des Bürgerkrieges wirkte im Revier wie ein Schock. Frauen wollten ins Arbeiterheim, um nachzusehen, ob ihre Männer unter den Toten seien. Die toten Schutzbündler wurden auf einem Mistwagen in die Leichenhalle gebracht. Erst nach langem Bitten gewährte ihnen ein Pfarrer ein kirchliches Begräbnis.[51]

---

[49] Hubert Hummer: Hausruck-Kohlenrevier: Der Aufstand der Bergarbeiter. In: Karl R. Stadler (Hg): „Es wird nicht mehr verhandelt ...“. Der 12. Februar 1934 in Oberösterreich. - Linz 1984, S. 57-75 hier S. 80

[50] vgl. Protokoll des Gendarmeriepostens Ottnang, vom 19. März 1934

[51] Hubert Hummer: Hausruck-Kohlenrevier: Der Aufstand der Bergarbeiter. In: Karl R. Stadler (Hg): „Es wird nicht mehr verhandelt ...“. Der 12. Februar 1934 in Oberösterreich. – Linz 1984, S. 57-75 hier S. 80

Der Holzleithner Schutzbundführer Ferdinand Fageth versuchte in Frauenkleidern zu flüchten. Er wurde jedoch in Pichl bei Wels gefasst. Für die Schutzbündler, die in Holzleithen blieben, änderte sich nichts an ihrer Armut. Nachdem Bundeskanzler Dollfuß alle sozialistischen Gruppierungen verboten hat, wechselten viele Arbeiter zur Heimwehr oder zur Vaterländischen Front.

Im Verlauf der Kampfhandlungen des Bürgerkrieges vom 12.-13. Februar wurden 10 Mitglieder des Schutzbundes getötet, auf Seiten des Bundesheeres fielen 5 Soldaten. In der Chronik des Franziskaner-Hospizes Bruckmühl zum Februar 1934 wurde, wie in den Gendarmerieprotokollen, nichts von den Erschießungen im Arbeiterheim erwähnt. Die Verbundenheit mit der Exekutive zeigt sich deutlich:

Die Leichen wurden nach Linz zur gemeinsamen Leichenfeier der Exekutive gebracht, und dann in Linz oder in ihrer Heimat beerdigt. Von der Exekutive wurden viele verwundet, von den Rebellen aber nur wenige, weil diese sich schützen konnten. Der Anführer des Putsches und Dämon des Reviers, Ferdinand Fageth, floh feige, wurde später erwischt, erhielt zuerst lebenslänglichen Kerker, auf Berufung hin erhielt er 15 Jahre Haft, die er in Garsten absaß. Eine große Anzahl von Rebellen aus Hausruckedt und Holzleithen erhielt Kerkerstrafen im Ausmaß bis zu 8 Monaten. Einige waren nach Deutschland oder in die Tschechoslowakei geflüchtet, aber alle bekannten sich als unschuldig.[52]

Heute erinnert eine schlichte Granittafel an der Außenwand des Arbeiterheimes mit den Namen jener Arbeiter, die während der Kampfhandlungen des österreichischen Bürgerkrieges am 12. und 13. Februar 1934 im Kohlenrevier zu Tode kamen, an damals.

---

[52] Chronik des Franziskaner Hospiz Bruckmühl zum Februar 1934

Dies waren:[53]

Josef Skrabal, 1892-1934, verheiratet, Bergmann, beim Hausrucktunnel am 12.2. getötet

Josef Zeilinger, 1895.1934, verheiratet, Bergmann, beim Hausrucktunnel am 12.2. getötet

Johann Lobmaier, 1895-1934, verheiratet, Bergmann, beim Hausrucktunnel am 12.2. getötet

Karl Groiss, 1903-1934, ledig, Bergmann, beim Verlassen des Arbeiterheimes am 13.2. getötet

Josef Schmied, 1903-1934, verheiratet, Bergmann, auf der Bühne des Arbeiterheimes am 13.2. erschossen

Anton Zaribnicky, 1906.1934, verheiratet, Bergmann, auf der Bühne des Arbeiterheimes am 13.2. erschossen

Franz Holzinger, 1906-1934, ledig, Bergmann, auf der Bühne des Arbeiterheimes am 13.2. erschossen

Andreas Kropatschek, 1912-1934, ledig, Bergmann, auf der Bühne des Arbeiterheimes am 13.2. erschossen

Karl Fellinger, 1913-1934, ledig, Bergmann, bei den Kämpfen des Arbeiterheime am 13.2 getötet

Josef Reisenberger, 1911-1934, ledig, Feilenhauer, beim Gasthaus „Kaiserwirt" in Pettenfirst (Gemeinde Zell am Pettenfirst) am 13.2. getötet

[53]Karl Starke: Kohlenbergbau in der Gemeinde Ottnang. - Kilian Verlagsges.m.b.H Vöcklabruck 2000, S. 87

An die während der Kämpfe um Holzleithen gefallenen Bundesheersoldaten erinnert ein Gedenkkreuz. Es befindet sich rund 800 Meter südlich des ehemaligen Arbeiterheimes. Am Sockel des Kreuzes sind die Namen der gefallenen Soldaten aufgezählt:

Josef Schmoller, bei den Kämpfen um Holzleithen am 13.2. getötet
Karl Schmied, bei den Kämpfen um Holzleithen am 13.2. getötet
Theo Platzer, bei den Kämpfen um Holzleithen am 13.2. getötet
Bruno Bognermayer, bei den Kämpfen um Holzleithen am 13.2. verwundet und später an den Verletzungen gestorben
Leopold Rauscher, bei den Kämpfen um Holzleithen am 13.2. verwundet und später an den Verletzungen gestorben

Sockel des Gedenkkreuzes, für die während des Bürgerkrieges in Holzleithen gefallenen Soldaten; Photo: Mario Glück, aufgenommen 2006

Als ziviles Opfer war Anna Hager zu beklagen. Sie wurde am 13.2. beim Gasthof Kaiserwirt verwundet und starb später an ihren Verletzungen.[54]

---

[54] Karl Starke: Kohlenbergbau in der Gemeinde Ottnang. - Kilian Verlagsges.m.b.H Vöcklabruck 2000, S. 87

†

Christliches Andenken

an Fräulein

Anna Hager

Dienstmagd in Pettenfürst, Pfarre Ungenach

welche am 27. Februar 1934 um 5 Uhr nachmittags nach Empfang der heil. Sterbesakramente im 32. Lebensjahre an den Folgen einer Schußverletzung im Krankenhause zu Vöcklabruck gestorben ist.

Uns're Tränen mögen sagen
Was uns die geliebte Tochter u. Schwester war,
Und es bringen sanfte Klagen
Ihr dies Totenopfer dar.
Redlich hat sie stets gehandelt
Und als Christin wohl recht gewandelt,
Nun steht sie vor Gottes Thron
Zu empfangen ihren Lohn.

Druck von R. He[illegible]endorfer, Vöcklabruck

Quelle: Privatsammlung Annemarie Glück

Die gefallenen Soldaten des Jägerregimentes Nr. 8 werden in Wels beerdigt
Quelle: Privatsammlung: Josef Pohn

Ferdinand Fageth, aufgenommen in den 1930er Jahren;
Quelle: Privatarchiv Martin Kranzl-Greinecker

3. Erinnerungen der befragten Zeitzeugen

3.1 Lebensbedingungen der Bergmänner

In der Zwischenkriegszeit gab es im Kohlenrevier kaum eine Möglichkeit, seinen Lebensunterhalt zu verdienen, außer man wurde Bergmann oder kam bei einem Bauern als Knecht unter. Dies hatte einen einfachen Grund: Wenn jemand einen Beruf erlernen wollte, so mussten dessen Eltern für die Lehre zahlen, was sich kaum jemand leisten konnte.

Bergmänner hatten in der Zwischenkriegszeit ein hartes Leben. Sie arbeiteten bei sehr schlechten Lichtbedingungen in sauerstoffarmer Atemluft und bei ungünstigen Temperaturverhältnissen. Der Sauerstoffgehalt wird im Grubengebäude durch Staub und verschiedenste - oft giftige Gase - geschmälert, die Temperatur im Berginneren beträgt um die 8 Grad plus, was bei der harten, schweißtreibenden Arbeit, wegen der Zugluft sehr ungesund ist.

Der Vergleich mit Sklavenarbeit in bezug auf die Arbeit eines Bergmannes ist ein historischer, denn die ersten Bergarbeiter waren Sklaven. In Zeiten hoher Arbeitslosigkeit konnten dem Arbeiter oft Arbeitsbedingungen aufgezwungen werden, welche härtester Zwangsarbeit gleichzusetzen sind.

Josef Mair stammt aus der Bergwerkskolonie Welserstollen. Namensgebend für die Kolonie war eine Genossenschaft aus Wels, die hier einen Bergwerksstollen besaß. Die Genossenschaft baute auch die Kolonie auf. Sie gehörte zur Ortschaft Gittmaiern. Dort lebten neben den Bergmännern zwei Bauern.

Die Sozialdemokratische Partei brachte in der Zwischenkriegszeit den Konsum, das Kaufgeschäft für die Arbeiterschaft in das Kohlenrevier. Der Konsum hatte für die Versorgung der Arbeiter mit Lebensmitteln eine große Bedeutung. Eine Filiale des Konsums befand sich in

Holzleithen. Auch für die Familie Mair stellte diese Filiale das nächste Einkaufsziel dar. Nach Eberschwang hätte die Familie zu Fuß eineinhalb Stunden gehen müssen. Daher wählten sie in der Regel den kürzeren Weg durch den Hausrucktunnel.

Hausrucktunnel, aufgenommen in den 1930er Jahren
Quelle: Privatsammlung Josef und Katharina Mair

Entlang der Eisenbahnschienen benötigte man höchstens zwanzig Minuten. Die Lebensmittel wurden mit den Werksrössern von Ried herangebracht. Der Konsum wurde in England gegründet. Dort beschlossen die Arbeiter, dass ein Teil der eigenen Produktion an den Arbeiter billiger abgegeben werden müsste. Die Arbeiter zahlten dafür auch einen Mitgliedsbeitrag.

Josef Mair wurde 1923 in Kirchsteig bei einem sogenannten „Häuselmann" geboren. Die Mutter arbeitete als Bauernmagd. Als die Eltern von Mair heirateten, bekamen sie im „Welserstollen" eine Wohnung. Diese bestand aus einer Küche und einem Zimmer. Dort ist Josef Mair aufgewachsen.

Die Eltern verfolgten die nationalen und internationalen politischen Entwicklungen kritisch. Josef Mair kann sich an ein Gespräch zwischen seiner Mutter und ihren Brüdern erinnern:

Es war an einem Sonntag des Jahres 1933, an dem wir zu unseren Verwandten nach Holzleithen gegangen sind. Dort hatten wir zwei Tanten und drei Onkel. Die Häuser unserer Verwandten hatten bereits gemauerte Keller sowie Hütten aus Ziegeln. Im Welserstollen gab es solche Bauten noch nicht. Erst später haben wir in die Hänge Löcher hineingegraben. Diese Löcher wurden mit Stützen befestigt, um sie als Keller benützen zu können.
Während des Besuches wurde ich Ohrenzeuge einer heftigen Debatte zwischen meiner Mutter und ihren drei Brüdern. Sie wollten meinen Vater davon überzeugen, dass die Nationalsozialisten ein besseres System vertreten als die österreichischen Sozialisten. Laut der Meinung meiner Onkel gäbe es daher in Deutschland keine Arbeitslosen. Sie wollten meinen Vater dazu bewegen, sich den Nazis anzuschließen. Daraufhin wurde meine Mutter sehr böse, da sie die Nationalsozialisten bereits in den 1930er Jahren ablehnte. Aufgrund der politischen Einstellung meiner Onkel brach sie den Kontakt mit ihnen ab.[55]

Die Zeitzeugin Elisabeth Grüneis stammt aus einer Eisenbahnerfamilie. Ihr Vater bezog einen regelmäßigen Lohn. Dadurch zählte die Familie in ihrem Heimatort Engelfing, Gemeinde Ottnang, nicht zu den Ärmsten. Elisabeth Grüneis hatte drei Geschwister. Um die Arbeit nicht zu verlieren, beteiligte sich ihr Vater nicht an den Kampfhandlungen des Bürgerkrieges in Holzleithen.[56]

---

55 Interview Josef Mair, am 26.10.2005

56 Interview Elisabeth Grüneis, am 15.5.2005

Ebenfalls aus der Gemeinde Ottnang stammt der Zeitzeuge Franz Höfer.
Er kommt aus dem Ortsteil Obermühlau. Franz Höfer war der Älteste von sieben Geschwistern. Sein Vater arbeitete als Bergmann. Er hielt sich eine Kuh, um seine Familie mit Milch und Fleisch versorgen zu können.
Mit dreizehn Jahren kam Franz Höfer zu einem Bauern. Mit im Gepäck hatte er damals ein Sonntagsgewand sowie ein Wochentagsgewand. Er beschreibt sich selbst als ehrgeizigen Bauernarbeiter. Ein Lob des Bauern konnte ihn zu noch größerer Anstrengung motivieren. Viereinhalb Jahre arbeitete er beim selben Bauern. Als sein Vater im Bergwerk verunglückte, wurde Höfer zum Familienerhalter. Seinen gesamten Verdienst musste er von nun an zu Hause abliefern. Franz Höfer hatte unter anderem drei schulpflichtige Geschwister zu versorgen. 1938 wechselte er nach Attnang-Puchheim zur Eisenbahn.[57]

Der Zeitzeuge Franz Frank kam in der Tschechoslowakei zur Welt. Als Frank drei Jahre alt war, übersiedelte er mit seiner Familie nach Attnang-Puchheim. Hier gab es eine Glasfabrik, in der sein Vater arbeitete. Als die Fabrik stillgelegt wurde, verloren sein Vater sowie einige seiner Onkel ihren Arbeitsplatz. Franz Franks Vater sowie sein späterer Stiefvater waren Sozialdemokraten. Später verpflichtete sich sein Stiefvater beim Militär. Als er vom Militär wieder wegging, bekam er statt dem Arbeitslosengeld eine Abfertigung. Die Tatsache, dass die Abfertigung bald für den Lebensunterhalt aufgebraucht war, bewog den Stiefvater, als Schlosser zu arbeiten. Da in der Zwischenkriegszeit noch wenig Maschinen vorhanden waren, fanden sehr viele Leute am Bau eine Beschäftigung.

Als der Stiefvater eines Tages wieder seine Arbeit verlor, bat ihn Franz Franks Mutter, zur Heimwehr zu gehen, um schneller eine Arbeit zu bekommen. Er war jedoch ein Erzsozialist und lehnte wütend ab. Dass Franz Frank kurz nach dem Bürgerkrieg zur Jugendformation der Heimwehr, also dem Jung-Vaterland ging, war ihm egal.

---

[57] Interview Franz Höfer, am 26.10 2005

Als Ausgesteuerter bekam Franks Stiefvater 1 Schilling 30 pro Tag. Monatlich hatte er also 39 Schilling zur Verfügung. Für zwei kleine Räume musste er allerdings 30 Schilling Miete bezahlen. Lediglich neun Schilling blieben für das Essen und die Bekleidung über. Nachdem laut Franz Franks Aussagen seine Mutter eine tüchtige Frau war, konnte die Familie überleben. Sie wusch für andere Leute die Wäsche. Unter anderem auch für Firmen aus Attnang-Puchheim. Frank bekam oftmals Gewand von den Firmeninhabern. Nebenbei fertigte seine Mutter auch noch Stickereien an. Sie braute auch das Bier selbst. Ein halber Liter kostete in der Eigenproduktion 12 Groschen. Im Geschäft hätte die gleiche Menge 50 Groschen gekostet. Auch das tägliche Brot der Familie Frank wurde von der Mutter gebacken. Eine Semmel kostete damals 5 Groschen, eine Knackwurst 30 Groschen. Der Stiefgroßvater arbeitete im Schloss Puchheim als Hausmeister. Dort ist für die Familie Frank ab und zu etwas Obst abgefallen. So konnte die Familie ihr Auslangen finden.[58]

Annemarie Glück kann aufgrund ihres Geburtsjahrganges 1944 nicht zu den Zeitzeugen gezählt werden. Sie hatte jedoch einen engen Kontakt mit ihren Großeltern sowie ihrer Tante Maria Pohn, die in den 1930er Jahren das Elend der Arbeiter erlebten. Maria Pohn ist im Jahre 1911 geboren.

Die Familie, aus der Annemarie Glück stammt, war christlich. Der Glaube wurde immer gelebt. Die Großeltern betrieben eine kleine Landwirtschaft. Zusätzlich war der Vater bei der WTK als Maurer angestellt. Die Mutter arbeitete als Schneiderin. Im Jahre 1946 verunglückte der Vater tödlich. Daraufhin wurde Annemarie Glücks Großvater ihr Vatervorbild. Laut eigenen Aussagen prägte sie dieser sehr. Der Großvater sagte stets seine Meinung. Die Großmutter kann als gütige Frau bezeichnet werden. Viele Bettler bekamen von ihr etwas zu essen.

---

[58] Interview Franz Frank, am 19.11.2005

Das meiste zum Thema Bürgerkrieg erfuhr Annemarie Glück von ihrer Tante. Bis zu ihrem Tode im Jahre 2005 haben sie die Ereignisse des Bürgerkrieges sehr beschäftigt. Immer wieder erzählte sie die Erlebnisse ihrer Jugend aus der Zwischenkriegszeit. Annemarie Glück erfuhr allerdings auch sehr viel von ihrem Großvater. Er war in den 1920er Jahren auf Seiten der christlich-sozialen Partei Mitglied des Gemeinderates. Seine Söhne engagierten sich bei der Heimwehr. Der Großvater war ein sehr bestimmender Mensch. Er hätte es wohl gar nicht vertragen, wenn sie sich für eine andere politische Richtung entschieden hätten. Die Familie musste keinen Hunger leiden, obwohl der Großvater in den 1920er Jahren seine Arbeit verlor. Da er eine kleine Landwirtschaft betrieb, konnte er seine Familie als Selbstversorger ernähren.[59]

Dominik Pohn, ein Onkel von Annemarie Glück, arbeitete in den 1930er Jahren als Zimmermann. Dessen Sohn Peter Pohn sen. kann sich gut an die Erzählungen seines Vaters über die politische und wirtschaftliche Lage in den 1930er Jahren erinnern. Für seine Berufsgruppe gab es wenig Arbeit, da es sich die Menschen in Oberösterreich kaum leisten konnten, zu bauen. Auch die Bauern, denen es etwas besser ging, hatten kein Geld, um Häuser oder Stallungen zu errichten.
Dominik Pohn ist zur Heimwehr gegangen, um Arbeit zu bekommen. Sein Vater war Bergmann und bereits ausgesteuert. Seine finanzielle Not verschärfte sich, da er zum Zeitpunkt seiner Entlassung gerade einen Stall baute. Daher war es in dieser schwierigen Situation wichtig, dass alle Familienmitglieder zusammenhalfen, um das Haus nicht zu verlieren. Deshalb mussten die Söhne arbeiten. Um Arbeit zu bekommen, gingen sie zur Heimwehr. Es war also wichtig, dass alle zusammenhielten, um den Hof nicht verkaufen zu müssen. Damals gab es also auch Bauern, die verschuldet waren. Dominik Pohn war nur mit halbem Herz bei der Heimwehr. Vor allem den Vollzug des Standrechtes im Arbeiterheim Holzleithen konnte er nicht nachvollziehen.[60]

---

[59] Interview Annemarie Glück, am 26.11.2005
[60] Interview OSR Peter Pohn, am 26.11.2005

Der damalige Werksarzt Dr. Franz Hitzenberger sen. pflegte zu den Bauern und Arbeitern im Kohlenrevier einen guten Kontakt. Er versuchte im Rahmen seiner Möglichkeiten zu helfen. So konnte er manchmal auch mithelfen, die Entlassung von Bergmännern zu verhindern. Sein Sohn, Medizinalrat Dr. Franz Hitzenberger jun., erinnert sich an die Hilfe seines Vaters für die Bergmänner:

Es gab damals einen großen Abbau von Arbeitskräften. Ich kann mich daran erinnern, dass zwischen 100 und 150 Arbeiter in die Ordination meines Vaters gekommen sind und sich krank gestellt haben, weil sie abgebaut werden sollten. Damals ist auch bereits der Betriebsratsobmann Ferdinand Fageth in Erscheinung getreten und hat meinen Vater darauf aufmerksam gemacht, diese Leute krank zu schreiben, weil sie sonst entlassen würden. Mein Vater konnte diese Menge nicht auf einmal untersuchen. Er hat sie dann in Gruppen zu je zwanzig Leuten eingeteilt und einige Tage später in seine Praxis bestellt. Inzwischen hatte sich die Lage etwas beruhigt und es wurden doch nicht so viele Leute entlassen.

Laut Dr. Franz Hitzenberger jun. war der Großteil der Bevölkerung arm. Die Leute liefen der Arbeit förmlich nach. Es gab Bergmänner, die vier Stunden Anmarsch bis zu ihrer Betriebsstelle hatten. Nach der Arbeit mussten sie wieder vier Stunden nach Hause gehen. Meistens waren sie aufgrund der feuchten Grube nass. Autotransporte gab es damals noch nicht. Die WTK hatte auch noch keine Autos zur Verfügung. Dr. Hitzenberger jun. weiß, dass sein Vater ein Herz für arme Leute hatte:

Mein Vater hatte ein sehr soziales Denken. Er stammte aus sehr einfachen Verhältnissen. Sein Vater war Zimmermann, später Gemeindesekretär und dann auch noch Bürgermeister. Mein Vater hatte kein leichtes Studium und musste sehr früh auf eigenen Beinen stehen. Seine soziale Einstellung war der Hauptgrund dafür, dass er

sowohl mit der bäuerlichen als auch mit der arbeitenden Bevölkerung so gut auskam.
Er hat sich für einzelne eingesetzt, wenn er gesehen hat, dass große Armut bestanden hat. Es war aber dann von den Direktoren abhängig. Auch die Betriebsräte haben sich entsprechend eingesetzt.
Es gab viele Menschen, die Hunger hatten. Ich kann mich auch erinnern, dass mein Vater, wenn er gesehen hat, dass Menschen nicht krank sind, sondern an Hunger leiden, ihnen Brot und Fleisch zukommen ließ, um sie bei ihrer Ernährung zu unterstützen. Nach und nach wurden die Menschen unzufriedener. Aus dieser Unzufriedenheit bildete sich wahrscheinlich die Vorstufe zum Bürgerkrieg in Holzleithen.[61]

Dr. Hitzenberger sen. hatte im Kohlenrevier schwere Arbeitsbedingungen. Sein Sohn erinnert sich daran:

Bei schweren Werksunfällen musste er sofort ausrücken, um untertags die Leute zu versorgen. Dies machte er trotz der Gefahr der einstürzenden Stollen. Er hat 1920 in Ottnang mit seiner Ordination begonnen und ist 1921 nach Thomasroith gekommen, als sein Vorgänger Dr. Friedmann bei der Ausübung seines Berufes an einem Herzinfarkt starb. Im Laufe der Zeit hat mein Vater so viel verdient, dass er sich ein Auto leisten konnte. Damit konnte er rascher bei den Patienten sein als mit dem Pferd. Seit 1928 oder 1929 hat er auch einen eigenen Röntgenapparat besessen, der in der Diagnostik sehr hilfreich war.
Mein Vater war 24 Stunden pro Tag im Dienst. Er war also ständig auf Abruf erreichbar und ist auch, wenn er verlangt wurde, sofort zum Patienten hingefahren, um dort seinen ärztlichen Dienst zu verrichten.

---

[61] Interview Dr. Franz Hitzenberger jun., am 11.2.2006

In jener Zeit bereiteten auch Krankentransporte große Probleme. Diese verschlechterten den Zustand des Patienten oft drastisch. Dr. Franz Hitzenberger jun. übernahm später die Praxis seines Vaters. Aus diesem Grund kann er die Probleme sehr gut beschreiben:

Mein Vater hatte 1928 eine akute Blinddarmentzündung. Damals gab es sehr viel Schnee. Aus diesem Grund konnte er nicht mit dem Auto ins Krankenhaus transportiert werden, obwohl er eines besaß. Er musste auf einer Trage zur Bahnhofsstation Bergern getragen werden. Von dort wurde er nach Ried gefahren. In Ried brachte man ihn abermals auf einer Trage ins Krankenhaus. Der Blinddarm war durchgebrochen. Das war damals lebensbedrohlich. Er konnte aber durch eine Operation gerettet werden.[62]

Josef Mair kann sich an politische Maßnahmen erinnern, die gegen die Arbeitslosigkeit ergriffen wurden:

In der Gemeinde Eberschwang begann der Bürgermeister Straßen zu bauen. Arbeitslose halfen dort im Sommer drei Monate aus, um wieder Anspruch auf ein Arbeitslosengeld zu bekommen.[63]

Elisabeth Grüneis weiß, dass viele Eltern ihre Kinder zu den Bauern ins Innviertel geschickt haben, um dort Lebensmittel zu erbitten. Die Bitten wurden meist erfüllt.[64]

Franz Höfer bekam bei einem Bauern Arbeit, der ihm einen Viertel-Jahres-Lohn von dreißig Schilling bezahlte. Dieser Betrag reichte allerdings nur für Lebensmittel aus. Um sich die Bekleidung finanzieren zu können, arbeitete Höfer an den Wochenenden als Fuhrwerker. Er brachte vielen Leuten die Kohle. Dafür bekam er ein bisschen

---

[62] Interview Dr. Franz Hitzenberger jun., am 11.2.2006

[63] Interview Josef Mair, am 15.5.2005

[64] Interview Elisabeth Grüneis, am 15.5.2005

Trinkgeld, das er als Taschengeld betrachtete. Laut Franz Höfers Erinnerungen mussten ähnlich wie die Arbeiter viele Bauern mit wenig Geld ihr Dasein fristen:

„Da gab es einen Bauern, der hatte Dienstboten, die er zu Monatsbeginn auszahlte. Gleich darauf lieh er sich das Geld wieder zurück, um seine Schulden begleichen zu können.“

Auch bei der Eisenbahn in Attnang-Puchheim wurden bezüglich Anstellung jene Arbeiter bevorzugt, die zur Heimwehr wechselten. Es konnten allerdings nicht alle aufgenommen werden, da es sonst für das Unternehmen die Verpflichtung gegeben hätte, sie auch bei schwacher Konjunktur zu behalten. Arbeitslose bekamen 20 Wochen lang eine Unterstützung, danach den Notstand. Als weitere Folge wurden die Arbeitslosen ausgesteuert. Viele mussten betteln gehen, um ihr tägliches Brot zu bekommen.
In der Zwischenkriegszeit gab es bei jedem Bauern ein „Bettlerfenster“. Jeden Tag sind bis zu 40 Bettler gekommen. Sie bekamen meist ein „Krügerl“ Most sowie ein Stück Brot oder ein Ei. Einige Bettler verkauften das Brot auch weiter.
Manche gingen auch zu den Bauern arbeiten, um überleben zu können. Doch lediglich in der Erntezeit benötigten die Landwirte viele Helfer.[65]

Die Bergmannstochter Edeltraud Alscher kann sich an die Arbeitsbedingungen der Bergmänner erinnern:

„Die Bergmänner haben in der Frühschicht von 6h00 bis 14h00 und in der Spätschicht von 14h00 bis 22h00 gearbeitet. Sie hatten auch einen Urlaubsanspruch.“

Da Ende der 1920er Jahre teilweise die Kohle aus dem Ausland importiert wurde, verloren viele Menschen ihre Arbeit und verarmten dadurch.

---

[65] Interview Franz Höfer, am 26.10.2005

Dampflokomotive mit Rahmenhuntgarnitur, wie sie bis zum zweiten Weltkrieg in Verwendung waren; Quelle: Privatsammlung Peter Pohn sen.

Edeltraut Alscher erlebte diese Situation der finanziellen Not in Thomasroith, Gemeinde Ottnang:

„Ich bin in die Volksschule Thomasroith gegangen. Da haben die Kinder, wenn jemand einen Apfel aß, gebeten, ein Stück aufzusparen. Dasselbe galt auch für Süßigkeiten. Die Arbeitslosen mussten nicht verhungern. Teilweise sind sie zu den Bauern „tagwerken" gegangen. Dort haben sie auch etwas zu essen bekommen. In den 1930er Jahren gab es viele Bettler, die von überallher kamen." [66]

66 Interview Edeltraud Alscher, am 19.11.2005

Auf Grund ihrer ehrenamtlichen Tätigkeit bei Vereinen in Thomasroith bekam Annemarie Glück Kontakt zu Menschen, die das Elend in den 1920er und 1930er Jahren erlebten. Sie versucht aus den Gesprächen Schlüsse zu ziehen:

„Wenn es Menschen wirtschaftlich schlecht geht, dann wächst das Misstrauen und der Hass aufeinander. Ich bin sehr viel in Thomasroith und spreche dann oft mit Frauen, die diese Not erlebten. Sie hatten ein hartes Leben, da die Väter viel arbeiten mussten. Diese haben oftmals Alkohol getrunken, um ihre Schmerzen zu betäuben. Die Kinder mussten manchmal auch noch um 22h00 außer Haus gehen, um Schnaps zu kaufen. Bereits der Anmarsch zur Grube war sehr hart.
Die Mütter haben zum Teil bei den Bauern gearbeitet. Die Kinder gingen manchmal mit. Wenn ein Bauer neidig war, muss man verstehen, dass dadurch ein gewisser Hass auf ihn entstanden ist.
Auch die Wohnverhältnisse waren furchtbar. In der Thomasroither Herrengasse war ein Graben, der in offenem Zustand Abwasser führte.“[67]

Peter Pohn sen. weiß auf Grund von Erzählungen seines Großvaters, der Bergmann war, vieles über die Arbeitsbedingungen dieses Berufsstandes:

„Ich weiß von meinem Großvater, dass er um fünf Uhr am Morgen zu seinem Arbeitsplatz aufbrechen musste. Er kam dann erst um 19h00 heim. Somit konnte mein Großvater im Frühling, Herbst und Winter keine Sonne sehen. Erst um 1911 wurde die Arbeitszeit auf 12 Stunden verringert. Nach dem ersten Weltkrieg hat man die 48-Stunden-Woche eingeführt.“

---

[67] Interview Annemarie Glück, am 26.11.2005

Grund für die Lohnkürzungen und Entlassungen war die Tatsache, dass die Kohle in den 1920er Jahren schwer zu verkaufen war. Viele Väter haben sich oft angetrunken, da sie dem Druck aufgrund der harten Arbeit und der Ungewissheit, ob sie die Arbeit behalten können, kaum standhalten konnten. Auch die Sorge um die Familie war sehr erdrückend. Auch ihre Frauen hatten mit Problemen zu kämpfen. Sie mussten aus den wenigen Lebensmitteln, die zur Verfügung standen, ein Mahl kochen. Sie hatten meist nur Erdäpfel und etwas Mehl zur Verfügung. Die Mütter mussten also einerseits den Druck, der auf ihren Männern lastete, mittragen und andererseits die Kinder versorgen.[68]

[68] Interview OSR Peter Pohn, am 26.11.2005

3.2 Freizeitaktivitäten

Die jungen Bergmänner, welche in den Arbeitersiedlungen wohnten, hatten in der Regel eine angenehmere Freizeitgestaltung als die Söhne kleiner Landwirte. Während die einen Radtouren ins Seengebiet oder in die Berge unternehmen konnten, halfen die anderen ihren Eltern bei der Stallwirtschaft. Das bedeutete, am frühen Morgen und am frühen Abend bei der Fütterung der Rinder mitzuhelfen.
Außerdem gab es in den Arbeitersiedlungen bessere Bildungsmöglichkeiten. Im Zuge der sogenannten Arbeiterbewegung kam es zu vielen Veranstaltungen mit kulturellem, politischem oder sportlichem Inhalt. In den neu entstandenen Arbeiterheimen wurden unter anderem Vortragsabende veranstaltet. Viele Leute nahmen am kulturellen Leben der Siedlungsgemeinschaft teil, indem sie in Gesangsvereinen, Theatergruppen und Musikkapellen mitwirkten. Dazu kam auch noch der Kinobesuch. Durch die Teilnahme an Veranstaltungen der Arbeiterbewegung erreichten die Bewohner einer Siedlung mehr Weltoffenheit und mehr Bereitschaft für Reformen als die bäuerlich, konservative Bevölkerung.
Oft suggerierten wortgewandte Redner ihren Zuhörern ihre politischen Ziele. Der WTK-Zentralbetriebsrat und Schutzbundführer Ferdinand Fageth war einer der Redner. Er war hauptverantwortlich für den Bau des Arbeiterheimes in Holzleithen. Die Person Fageth wird von Zeitzeugen als besonders redegewandt geschildert. Angeblich konnte er sehr anschaulich vortragen und sogar Kinder in seinen Bann ziehen. Er soll aber auch ein Machtmensch gewesen sein, der es nicht duldete, wenn jemand nicht seiner Ansicht war und man soll sich auf seine Zusagen nicht immer verlassen haben können.

Der Zeitzeuge Josef Mair ging in den 1930er Jahren gerne ins Kino oder spielte mit Freunden:

Das schönste für uns Kinder war, wenn wir ins Kino gehen durften. Das Besuchen einer Vorstellung kostete 50 Groschen. Ich erbettelte mir das Eintrittsgeld bei meinem Vater. Ich ging dann mit Freunden ins Kino. Beim Heimgehen sangen wir Lieder.
In unserer Kindheit haben wir uns selbst beschäftigt. Wir spielten Räuber und Gendarm. Aus Baumrinden machten wir kleine Schiffchen. Das Spielen lenkte uns von der Armut ab. Wir Kinder hatten sehr viel Spaß.

Mair kann sich auch an Tanzveranstaltungen in den 1930er Jahren erinnern. Damals gab es zwischen den Jugendgruppen, die Zechen genannt wurden, bestimmte Tanzregeln. Dabei teilte der Tanzmeister die Reihenfolge der Tänzer ein. Diese wurden nicht immer eingehalten:

Mit der Missachtung von Tanzregeln provozierten Raufbolde meist eine Schlägerei. Bei Hochzeiten in Eberschwang war des öfteren ein Toter zu beklagen, da die Bauern den Zechen ein Faß Bier, mit der Aufforderung zu raufen, bezahlten. Die jungen Männer befolgten die Aufforderung sehr oft.

Die Arbeiter in Holzleithen waren die Pioniere bei der Gründung eines eigenen Fußballvereins sowie eines Turnvereins. Auch der Faustballsport erfreute sich größter Beliebtheit.
Die Bauern hatten keine Zeit, sich sportlich zu betätigen. Sie arbeiteten von der Früh bis spät abends.
Die Arbeiter gingen in die Frühschicht von 6h00 bis 14h00. Daher konnten sie ihre Freizeit unter anderem mit Sport verbringen.

Bevor das Arbeiterheim in Holzleithen fertiggestellt wurde, benutzten die Leute den „Tanzboden“, um sich zu amüsieren. Der Tanzboden war eine große Fläche auf einer Anhöhe zwischen den Ortschaften Holzleithen und Hausruck. Alle Arbeiter des Kohlenreviers besuchten Bälle im Arbeiterheim Holzleithen. Es wurde musiziert und getanzt. Kurz nach der Fertigstellung ging Josef Mair mit seinem Vater ins Arbeiterheim:

Als das Arbeiterheim fertig war, hat mich mein Vater einmal mitgenommen. Dort wurde ein Kinofilm gezeigt. Wir sahen einen Westernstummfilm. Ich kann mich heute noch an die Handlung erinnern. Nach dem Bürgerkrieg wurde das Arbeiterheim gesperrt.[69]

Auch in Thomasroith entstand ein Arbeiterheim. Dort gab es einen Saal, in dem Theaterstücke von Laienschauspielern aufgeführt wurden. Auch der Musikverein hielt dort seine Konzerte ab.

Für Dr. Franz Hitzenberger jun. hatte die Jugend in ihrer Freizeitgestaltung wenig Möglichkeiten:

In der Freizeit konnte man hier eigentlich nicht viel anfangen. Die Musikkapelle hat einen großen Anklang gefunden. Es wurden dann auch von den Sportvereinen die Leute an sich gerissen. Sportlich konnte damals nicht so viel wie heute durchgeführt werden. Damals ist ein Sportverein aufgebaut worden, der Schispringen propagierte. In den 1930er Jahren versuchte man auch das Segelfliegen zu beginnen. Es hat aber überall an Geld gefehlt, um diese Sportarten durchzuführen. Nachdem das Arbeiterheim gebaut worden war, kam es auch zu einer Saaleröffnung, in dem es Theateraufführungen mit Laienschauspielern gab. Auch der Musikverein hat dort seine Konzerte abgehalten.
Mein Vater war mit seiner Praxis sehr beschäftigt. Er hatte nicht nur die Gemeinde Ottnang zu versorgen, sondern auch noch die Gemeinden Manning und Ungenach. Aus diesem Grund hatte er nur wenig Zeit, um am gesellschaftlichen Leben teilzunehmen. Er hatte eine gute

[69] Interview Josef Mair, am 26.10.2005

Verbindung zu den Arbeitern, Direktoren und Ingenieuren aus der Gegend. Direktoren und Ingenieure haben sich oft getroffen. Mein Vater konnte aber aus beruflichen Gründen an diesen Treffen nicht teilnehmen.[70]

Elisabeth Grüneis gehörte zu den wenigen Kindern, die eine Hauptschule besuchten. Das ging nur deshalb, weil ihr Vater bei der Eisenbahn arbeitete und somit für sie die Fahrt nach Attnang-Puchheim nichts kostete. Die anderen Kinder gingen in die Volkschulen der Gemeinde Ottnang. Laut Einschätzungen von Elisabeth Grüneis waren die Schulen qualitiativ gut:

Die Schulen waren nicht schlecht, dennoch war das Volk zu wenig geschult und informiert. Das Volk hat man dumm gelassen, damit man mit ihm tun kann, was man will. So haben wir das später als Erwachsene gesehen.[71]

Franz Höfer ist besonders stolz darauf, im Jahre 1931 als 14-jähriger mitgeholfen zu haben, einen Hausbrand zu löschen. Für seine Tapferkeit bekam er sogar eine Auszeichnung. In seiner Jugend war er Mitglied einer Zeche:

Bei der Innviertler Bauernjugend war das Zechenwesen verbreitet. Eine Zeche zählte bis zu dreißig Männer. In Eberschwang gab es sieben Zechen und zwei Burschenschaften. Die Zechenmitglieder gingen nicht ins Wirtshaus. Sie versammelten sich in den Bauernstuben. Es wurde mit der Zither gespielt und aufgetanzt. Wir tanzten den Original Landler. Wenn ein Schwein gestochen wurde, gab es eine Schweinskopfpartie. Jeder von den Bauernbuben nahm Eier mit, die wir dann bei den Zusammenkünften aßen. Im Herbst nahmen sie Hühner mit, die verspeist wurden. Auf diese Art und Weise konnten wir uns verpflegen.

---

[70] Interview Dr. Franz Hitzenberger jun., am 11.2.2006

[71] Interview Elisabeth Grüneis, am 15.5.2005

Jede Zeche hatte ihren eigenen Tisch. Es gab auch einen Tanzmeister, der die Tanzreihenfolge der verschiedenen Zechen einteilte. Man konnte auch eine Tanzpartnerin aus einer anderen Zeche wählen. Beim Zurückbringen des Mädchens durfte man aus dem Krug, der am Zechentisch stand, trinken. Begüterte Bauern spendeten sogenannte Doppelliter mit der Aufforderung, sich nichts gefallen zu lassen. Sie wollten, dass Schlägereien entstehen. Nächsten Tag fragte der Bauer den Knecht, ob es lustig war und ob eine Rauferei entstanden sei. Sagte der Knecht, dass es lustig war, obwohl nicht geschlägert wurde, erwiderte der Bauer, dass es das nicht gäbe.

Höfer versuchte sich auch im Plattenwerfen. Außerdem baute er sich mit seinen Freunden am Bauernhof ein Reck und einen Barren. Abends wurde dann geturnt.
In den 1930er Jahren gab es viele Musikfeste und Maiaufmärsche. Da sind die Musikvereine mit klingendem Spiel zum Arbeiterheim marschiert. [72]

Franz Frank erinnert sich an die Zeit als Mitglied beim Arbeiter-Turnverein und bei den Roten Falken:

Bei den Roten Falken machten wir sehr viele Bergwanderungen und Betriebsbesichtigungen. Wir haben uns in Redl-Zipf die Bierbrauerei angesehen. Wir machten auch Zeltlager. Ich zählte in der Schule zu den sogenannten armen Schülern, da meine Mutter Witwe war. Die Jungfalken haben sich sehr für uns interessiert und für die ärmeren Leute sehr viel getan. Am Spitzberg waren die Sportplätze.

Einige Zeit nachdem die Kampfhandlungen des Österreichischen Bürgerkrieges beendet waren, kam Franz Frank zur Jugendformation der Heimwehr, Jung-Vaterland, da sämtliche sozialistische Vereinigungen verboten wurden. Auch bei der Jung-Vaterland-Gruppe

[72] Interview Franz Höfer, am 26.10.2005

hat es Frank sehr gut gefallen. Jeder Bub bekam eine Gewehrattrappe aus Holz. Damit wurden die Gewehrgriffe geübt. Bei den Weihnachtsfeiern der Heimwehr wurden diese Gewehrgriffe aufgeführt. Es gab auch eine Maschinengewehrattrappe. Im Freien wurden verschiedene Geländeübungen durchgeführt.
Die Eltern von Franz Frank gingen auf den Ball der „Roten Redoute". Sein Vater war bei den Sangesbrüdern. Er spielte auch Fußball.
Die eigene Not sowie die seiner Freunde blieb Frank bis heute im Gedächtnis:

Ich hatte einen Freund, der auch sehr arm war. Er ging immer um die Klostersuppe. Ich begleitete ihn manchmal. Wir gingen auch über Attnang – Regau – Vöcklabruck Neujahrwünschen. Beim Warenhaus „Zur Billigkeit" in Vöcklabruck kauften wir zum Beispiel Hauben und Hosenträger ein. Ich hatte immer mehr Geld in der Hosentasche als mein Stiefvater. Ich habe pro Wäscheauslieferung 30 Groschen bekommen. Heute wären das ca. 50 Cent. Für mich war das damals viel Geld. Wir Kinder spielten Kreuzerwerfen um Geld. Dabei habe meistens ich gewonnen. Ein Freund von mir setzte im Gasthaus Kegel auf.[73]

Im Sommer 1934 machte die Liedertafel Thomasroith Ausflüge. Edeltraut Alscher war als Bergwichtel mit dabei. Mit einer Freundin sagte sie damals ein Werbegedicht auf. Die Ausflüge führten die Bergmannsliedertafel auch nach Steyr. Bei jedem Halt wurde ein Lied angestimmt. Die zwei Bergmannswichtel sagten den Text auf:

Glück auf, Glück auf, ihr lieben Leut',
Wir sind gekommen aus Thomasroith, dem kleinen Ort aus Oberösterreich,
überall bekannt an Kohlen so reich.
Wir haben hier ein bisschen Halt gemacht,
damit ihr sehen könnt die schmucke Bergmannstracht.

[73] Interview Franz Frank, am 19.11.2005

Auch brachte euch die Bergmannsschar
als frohen Gruß ein Liedchen dar.
Darum fragen wir Euch, warum müsst ihr die Kohlen
euch stets vom fernen Ausland holen?
Ihr wisst es und habt es auch schon erfahren,
zum Schutze der Heimat
kauft österreichische Waren.
Bei der Kohle müsst ihr diesen Wahlspruch erkennen
und nur heimische Kohlen im Ofen verbrennen.
Probieren sie einmal!
Sie ist billig und gut und macht genau wie die fremde die heißeste Glut.
Darum bitten wir Euch bevor wir nun scheiden,
helft lindern der Heimat die Not und die Leiden und denkt, wenn ihr sitzet daheim in der Stube,
der braven Bergleute in der finsteren Grube.
Helft mit, am Bauwerk zu Österreichs Wohle
und kaufet und brennet nur Traunthaler Kohle.
Glück auf, Glück auf!

Die Liedertafel Thomasroith wurde vor dem zweiten Weltkrieg als reiner Männerchor gegründet.
Ing. Hubert Meissl förderte das kulturelle Leben in Thomasroith. Hier gab es auch eine Jung-Vaterland-Gruppe. Edeltraud Alscher war Mitglied:

Die Anführerin der Gruppe schrie: „Heil Ernst Rüdiger!", und wir mussten „Starhemberg" rufen. In Thomasroith waren nur Mädchen dabei. Wir mussten exerzieren. Mein Vater war nicht für die Heimwehr. Ich durfte aber zur Gruppe gehen, weil alle Kinder dabei waren.

Edeltraut Alscher erlernte im Alter von sechs Jahren das Skifahren. Im Sommer ging es zum Baden.[74]

[74] Interview Edeltraud Alscher, am 19.11.2005

Annemarie Glücks Vater war ein sehr lebenslustiger und geselliger Mensch. Daher ging er zu einigen Thomasroither Vereinen. Anfangs der 1930er Jahre bildete sich der Reichsbund der Katholischen Deutschen Jugend Österreichs. In Ungenach spielte Annemarie Glücks Vater in einer Theatergruppe. Diese wurde von der Pfarre gegründet. Auch Annemarie Glücks Tante war eine sehr leidenschaftliche Theaterspielerin. Beim „Hoangoatn" sind die jungen Männer gekommen und haben Hausmusik gemacht. Sie spielten Zither, sangen und tanzten.[75]

[75] Interview Annemarie Glück, am 26.11.2005

3.3 Verhältnis zwischen den politischen Lagern[76]

Während der stärksten Arbeitslosigkeit plünderten Arbeiter nachts oft Felder, um zu Lebensmitteln zu kommen. Aus diesem Grund wurden die Arbeiter von den besitzenden Bauern oft pauschal „Gesindel" genannt.
In der Zwischenkriegszeit gab es unter den Besitzenden eine Rangordnung. Ganz unten rangierten jene, die ein Haus mit wenig oder gar keinem Grund besaßen, gefolgt von denen, die eine oder zwei Kühe im Stall hatten. Das waren die „Häuselleut". Das Ansehen hing also von der Größe des Grundbesitzes ab.
In der Zeit nach dem 1. Weltkrieg war es noch Sitte, dass jemand, der bei einem Bauern Arbeit suchte, auf den Knien um Arbeit bitten musste. Aber nicht alle Bauern waren so unmenschlich, dies zu fordern. Die Kinder der beiden verfeindeten Parteien vertrugen sich in der Regel recht gut miteinander. Sie hatten Berührungspunkte in der Schule und auf dem Spielplatz. Nur hin und wieder, wenn ein Wort das andere gab, wurden sie politisch, da war von den Heimwehrkindern „Rote Bagage" zu hören, und die anderen konterten mit: "Hahnenschwanzler, Hahenschwanzler bist ein armer Tropf! Was der Hahn am Hintern hat, hat dein Vater auf dem Kopf!"

Auch der Zeitzeuge Josef Mair hörte manchmal böse Sprüche gegen die Arbeiterschaft:

Sperrt alles zu, die Roten kommen, die stehlen Euch die Hennen.

Mair und sein Vater machten allerdings als Arbeiter mit den Bauern keine schlechten Erfahrungen. Er erinnert sich:

---

[76] vgl. Was während des österreichischen Bürgerkrieges im Februar 1934 in Holzleiten geschah

Meine Arbeit endete meist um 14h00. Danach hatte ich noch Zeit, bei den Bauern zu helfen. Manchmal konnte ich mir auch Urlaub nehmen, um dieser Tätigkeit nachzugehen. Ich wurde vorwiegend bei der Heumahd eingesetzt. Da konnte ich mir einiges dazuverdienen.[77]

Elisabeth Grüneis kann bestätigen, dass es unter den Kindern kaum zu Reibereien kam:

Wir Kinder machten keinen Unterschied zwischen Schutzbund- und Heimwehrkindern. Wir sind alle miteinander gut umgegangen und waren friedlich. Da hat es keinen Unterschied gegeben.
Bei uns am Land hat man keine Uniformierten gesehen. Wir Kinder haben es gar nicht so sehr gewusst, wer zu welcher Partei gehört.[78]

Durch seine Arbeitsstelle in der Landwirtschaft bekam Franz Höfer die politischen Einstellungen der Bauern mit:

„Die Bauern waren beim Landbund. Es gab auch den schwarzen Reichsbund. Als Hitler in Deutschland an die Macht kam, wechselten viele Bauern zu den Nazis. Sie liebäugelten mit dem Dritten Reich, weil die Menschen dort versorgt wurden. Wir Jungen haben uns illegal bereits bei der SA betätigt. Wir haben uns zum Beispiel an einer abgelegenen Stelle im Wald getroffen und dachten, es wäre alles Gold, was glänzt. Die schreckliche Zeit danach konnten wir in den 1930er Jahren noch nicht erahnen."

Franz Höfers Vater wählte die christlich-soziale Partei. Höfer und seine Geschwister wurden auch im christlichen Sinne erzogen. Sie mussten jeden Sonntag in die Kirche gehen.
Als in Holzleithen das Arbeiterheim gebaut wurde, arbeiteten die Bergmänner in Sonntagsschichten. Auch Franz Höfers Vater beteiligte

---

[77] Interview Josef Mair, am 26.10.2005

[78] Interview Elisabeth Grüneis, am 15.5.2005

sich daran. Er war der Meinung, dass die Arbeiter ein Gemeinschaftshaus benötigen würden. Später kam er auch als Gast hin. Diese Tatsache beweist, dass auch Teile der Bevölkerung, die dem christlich-sozialen Lager angehörten, mit den Arbeitern sympathisierten.

Franz Höfer erinnert sich an die internen sozialen Unterschiede zwischen den Eisenbahnern in Attnang-Puchheim und den Bergleuten im Kohlenrevier:

Die Lokführer hatten einen eigenen Stammtisch. Ein Heizer durfte an diesem Tisch nicht sitzen. Auch die Bürgerlichen hatten einen eigenen Stammtisch.
Es war auch bei der Eisenbahn so, dass jene die Arbeit behielten, die zur Heimwehr oder zur Vaterländischen Front gingen.
Wir haben die Heimwehrler „Hahnenschwanzler" genannt. Ich hatte jedoch keine Beziehung zu dieser Gruppierung.
Beim Kaufgeschäft Grüner in Bruckmühl konnten die Frauen der arbeitslosen Männer aufschreiben lassen. Grüner war Jude und vertrat eine soziale Einstellung.
Im Wirtshaus passierte nichts. Da trafen sich Männer, die verschiedene Ideologien vertraten. Die meisten Männer konnten es sich nur einmal pro Woche leisten, ins Wirtshaus zu gehen. Die Jungen kamen in der Bauernstube zusammen. Wir konnten es uns gar nicht leisten, ins Wirtshaus zu gehen.
Aus der Gemeinde Attnang-Puchheim starben zwei Brüder. Der eine kämpfte auf der Seite des Schutzbundes und der andere auf der Seite des Militärs. Es war eben ein Bruderkrieg.[79]

Franz Frank erlebte die sozialen Verhältnisse zwischen den politischen Lagern in Attnang-Puchheim:

---

[79] Interview Franz Höfer, am 26.10.2005

Vor dem Februar 1934 gab es Auseinandersetzungen zwischen der Gruppe Jung-Vaterland und den Roten Falken.
Es gab auch den Schmollpastaverein. Dieser wurde nach einer Schuhcreme benannt und war gegen das Jung-Vaterland. Es gab keine Kämpfe, aber Meinungsverschiedenheiten.
Wir Kinder haben uns untereinander sehr geschätzt.
Unser Lehrer war ein Christlich-Sozialer. Andere waren für die SDAPÖ. Sie waren allerdings nicht gehässig untereinander.[80]

Edeltraud Alscher erinnert sich an die Situation in Thomasroith:

Das Verhältnis zwischen Arbeitern und Bauern war in Thomasroith nicht so schlecht. Wir sind an einem Sonntag öfters zu einem Bauern gegangen, den wir gut kannten. Die Männer haben dort Most bekommen. Ich bin im Alter von zehn Jahren zum Bauern um die Milch gegangen. Dort habe ich mich am Weg schon immer gefreut, weil ich von der Bäuerin das Endstück des Brotlaibes bekam. Die Arbeiter hatten zur Kirche kein gutes Verhältnis.[81]

Anders sieht Dr. Franz Hitzenberger jun. das Verhältnis zwischen Arbeitern und Bauern:

Die politischen Lager im Kohlenrevier waren in Schutzbund und Heimwehr aufgeteilt. Die meisten Leute waren beim Schutzbund. Es gab dauernd Reibereien. In den Wirtshäusern gab es viele Streitereien und Raufereien. Ich kann mich daran erinnern, dass am Abend oder mitten in der Nacht viele Menschen zu meinem Vater kamen. Die Menschen haben sich untereinander nicht mehr so verstanden.
Die Bauern haben sich als etwas Besseres gefühlt. Sie haben den Arbeiter geringschätzig betrachtet. Das war zu den Zeiten, als noch wenige Bauernsöhne bei der WTK gearbeitet haben. Später hat sich das ge-

---

[80] Interview Franz Frank, am 19.11.2005

[81] Interview Edeltraud Alscher , am 19.11.2005

ändert. Da waren die Bauern froh, wenn sie einige ihrer Söhne bei der WTK unterbringen konnten, weil sie dort mit einem fixen Gehalt rechnen konnten. Zu dieser Zeit ging es den Bauern auch nicht sehr gut. Die Bauernhöfe in unserer Gegend sind nicht sehr groß. Sie haben wenig Grund und sind dadurch auch wirtschaftlich nicht in der Lage, eine größere Familie zu erhalten.[82]

Annemarie Glücks Großeltern betrieben eine kleine Landwirtschaft. Zu ihnen kamen viele Bettler aus Thomasroith. Die Großeltern waren christlich- sozial eingestellt. Da die Großmutter sehr gütig war, gab sie allen Leuten, ganz egal, welcher politischen Richtung sie zugehörig waren, Eier, Butter und Milch. Sie hatte kein Hassgefühl und machte auch keinen Unterschied zwischen Angehörigen der beiden großen politischen Lager in Österreich. Aufgrund der Not plünderten vorwiegend Arbeiterfamilien Felder. Dieser Mundraub kann auch als einer der Gründe für die Entstehung des Hasses der Bauern auf die Arbeiter gesehen werden.[83]

Peter Pohn sen. weiß, dass viele Angehörige der Heimwehr mit der Erschießung der Sanitäter im Arbeiterheim Holzleithen nicht einverstanden waren:

Die Brutalität, mit der die Heimwehr auftrat, hat meinem Vater, der bei dieser Organisation dabei war, sehr weh getan. Er hat erzählt, dass in der Nähe des Kaiserwirtes eine Person aus dem Wald lief und von einem Heimwehrler erschossen wurde. Daraufhin haben sich die Heimwehrler darum gestritten, wer den Todesschuss abgab. So verfeindet waren damals die Lager. Mein Vater bekam eine Arbeit, weil er bei der Heimwehr war. Er hat sich dafür geniert, dass er Arbeit hatte.

---

82 Interview Dr. Franz Hitzenberger jun., am 11.2.2006

83 Interview Annemarie Glück, am 26.11.2005

Er hat während des Bürgerkrieges mit einem Kollegen zusammengearbeitet, der ihn davor warnte, keine Sprengkapseln im Hosensack zu haben, da gerade noch das Standrecht vollzogen wurde. Sprengkapseln wurden in der Früh ausgefasst. Wenn bei Leuten, die beim Heimgehen untersucht wurden, Kapseln auftauchten, hätten sie standrechtlich erschossen werden können.[84]

[84] Interview OSR Peter Pohn, am 26.11.2005

3.4 Das Medienangebot im Kohlenrevier sowie in Attnang-Puchheim

Meinungsbildend waren bis zur Machtübernahme durch Bundeskanzler Engelbert Dollfuß die parteiabhängigen Zeitungen, über welche die einzelnen politischen Lager sehr einseitig, oft auch hetzerisch informiert wurden. Zusätzlich konnten Radiobastler und solche, die sich schon ein Radio leisten konnten, Informationen von den angrenzenden Nachbarländern und dem staatlichen Rundfunk empfangen.

Elisabeth Grüneis ist der Meinung, dass die österreichische Bevölkerung in der Zwischenkriegszeit kaum Möglichkeiten hatte, sich über die politische Lage zu informieren. Der Großteil der Bevölkerung hatte kein Geld für eine Zeitung oder für ein Radio.[85]

Edeltraud Alscher weiß, dass in Thomasroith zur Zeit des Bürgerkrieges das Radio noch nicht weit verbreitet war. An Zeitungen war in Thomasroith das Linzer Volksblatt sowie das Linzer Tagblatt verbreitet.[86]

Annemarie Glück erfuhr von ihrer Tante, dass die Überbringung von Nachrichten lange gedauert hat:

In unserer Gegend ist der Strom Ende der 1920er Jahre eingeleitet worden. Mein Vater gehörte zu den wenigen im Dorf, die ein Radio hatten. Er installierte es in unserem Haus. Im Haus der Großeltern, das 20 Meter entfernt war, brachte er einen Lautsprecher an.
Es hat in wenigen Haushalten ein Telefon gegeben. Daher hat die Information sehr lange gebraucht, bis sie an Ort und Stelle angekommen ist.

---

85 Interview Elisabeth Grüneis, am 15.5.2005
86 Interview Edeltraud Alscher, am 19.11.2005

Aufgrund der häufigen mündlichen Überlieferungen war nicht immer alles wahr, was erzählt wurde. Bei jeder Übertragung konnte ja etwas Erfundenes dabei sein. Das hat oft schlimme Folgen nach sich gezogen.[87]

Peter Pohn sen. weiß, dass in den 1930er Jahren meist nur die Gastwirte ein Telefon hatten:

Es konnte sein, dass es in kleinen Ortschaften kein Telefon gab. Um zu telefonieren, musste man in der Regel mehrere Kilometer gehen. Es gab auch in den Betrieben der WTK Telefonapparate. Damals musste man das Telefonieren erst erlernen. Es musste gekurbelt und danach zur richtigen Zeit hineingesprochen werden. Das haben nicht alle Leute beherrscht. Daher entwickelte sich ein Misstrauen gegenüber dem Telefon.
Informationen haben auch die Bettler in die Ortschaft gebracht. Es gab damals den Spruch: Was gibt es Neues? Diese Frage wurde dem Unbekannten gestellt, da die Menschen neugierig waren. Sie hatten ja kaum Möglichkeiten etwas zu erfahren. Bettler und Hausierer brachten die Neuigkeiten. In der Regel waren es Bauern, die Radios hatten.[88]

---

[87] Interview Annemarie Glück, am 26.11.2005
[88] Interview OSR Peter Pohn, am 26.11.2005

3.5 Montag, 12. Februar 1934

Hausdurchsuchungen bei verdächtigen Personen wurden, nachdem der Schutzbund verboten war, relativ oft durchgeführt. Wahrscheinlich bediente sich die Exekutive einiger Spitzel, die Waffenlager der Schutzbündler verrieten. Daraufhin wurden die Gewehre und die dazugehörige Munition im Wald vergraben und in den Baumkronen hoher Nadelbäume versteckt. Diese geheimen Waffendepots wussten nun nur mehr einige wenige Verlässliche. Naturgemäß wurden vor allem bei Führungskräften Hausdurchsuchungen durchgeführt, in der Hoffnung, Hinweise auf verdächtiges Material wie zum Beispiel Nachrichten über geheime Treffen oder Flugblätter zu finden. Dabei wurden die Betten durchwühlt, Bilder herunter- und Fußböden aufgerissen und Schränke geleert. Das geschah nicht selten im Beisein von Kindern, denen die Gendarmen als sehr unangenehme Menschen vorkommen mussten.
Woher der Schutzbund Waffen erhalten hatte, nachdem er verboten worden war, lässt sich nur erahnen und auf vage Gerüchte zurückführen.
Angeblich gab es bei der Exekutive Beamte, die Gewehre zur Verfügung stellten und von den Steyer –Werken sollen welche gekommen sein.

Mehrere Tage vor Kampfbeginn trafen sich die „Schutzbündler“ des Bezirks in Attnang-Puchheim zu einer Besprechung. Es wurde die Ausrufung eines Generalstreikes beschlossen, falls es zu Hausdurchsuchungen kommen sollte. Als am 12. Februar die Gendarmen tatsächlich in Oberösterreich die Häuser von einigen Schutzbündlern untersuchten, kam es zum Generalstreik, der aber nicht lückenlos eingehalten wurde.

Wie im zweiten Kapitel dieses Buches „Was während des österreichischen Bürgerkrieges im Februar 1934 in Holzleithen geschah“, bereits beschrieben wurde, traf am 12. Februar 1934 das Bundesheer im Kohlenrevier ein. Nachdem der befehlshabende Leutnant mit den Schutzbündlern einen Waffenstillstand aushandelte, wollte Schutzbundunterführer Josef Skrabal dessen Einhaltung kontrollieren. Er wurde dabei erschossen.[89]

Elisabeth Grüneis weiss, dass zu Ehren Josef Skrabals ein Lied komponiert wurde:

Ich kann mich nur noch an den Schluss erinnern: „Ein Schuss, ein Schrei, Führer Skrabal fand den Tod dabei.“ Dieses Lied wurde dann gesungen. Es waren immer welche da, die das Ganze noch ein bisschen verherrlicht haben.[90]

Als die beiden Schutzbündler Johann Lobmaier und Josef Zeilinger, die sich zum Zeitpunkt des Schusswechsels zusammen in einer Wohnung befanden, die Schüsse auf Skrabal hörten, begaben sie sich mit zwei weiteren Schutzbündlern zum Hausrucktunnel. Zeilinger und Lobmaier waren verheiratet. Johann Lobmaier hatte vier Kinder. Die beiden Begleiter waren ledig. Alle vier waren nicht bewaffnet, da sie lediglich nachsehen wollten, was geschehen war. Sie wurden von den Soldaten der Rieder Garnison angeschrieen und danach sofort angeschossen. Dabei kam Lobmaier ums Leben. Zeilinger wurde in der Bauchgegend getroffen und im Bahnwärterhäuschen, das sich in der Nähe des Tunnels befand, notdürftig verarztet. Katharina Mair wohnte damals im Bahnwärterhäuschen und hörte die Schusswechsel:

Ich war damals 12 Jahre alt. Am 12. Februar 1934 hat es geheißen, dass das Rieder Militär kommt. Hinter dem Dienstraum der Eisenbahn waren Ribiselstauden. Die Leute sagten, dass sich das Militär dahinter verstecken würde. Man hat das Schießen gehört. Unser Schäferhund wurde ganz nervös. Er lief sofort ins Schlafzimmer und jaulte. Die

---

89 siehe Kapitel 2. Was während des österreichischen Bürgerkrieges im Februar 1934 in Holzleithen geschah

90 Interview Elisabeth Grüneis, am 14.5.2005

Schießerei dauerte einige Stunden. Plötzlich hörten wir Kinder einen Mann stöhnen. Es war der Zeilinger. Er wurde in den Dienstraum getragen und dort notdürftig verarztet. Wir haben ihn die ganze Nacht hindurch vor Schmerzen schreien gehört. Danach erklang die Glocke des Pfarrers, der gerufen wurde. Als wir den Zeilinger jammern hörten, bekamen wir Angst. Später erfuhren wir, was passiert war.
Ich sollte das Blut des getöteten Lobmaier mit Schnee zudecken, schaffte es jedoch nicht. Das Blut kam immer wieder zum Vorschein. Den Blutfleck werde ich nie vergessen. Ich kannte den Lobmaier sehr gut, er wohnte in der Nähe von uns.
Meine Mutter hatte kaum Zeit, uns zu erklären, was passiert war. Josef Skrabal lag vor dem Tunnel. Ich schaute ihn jedoch nicht an, da mich der Anblick des toten Lobmaier schon sehr belastete.[91]

Am Vortag des 12. Februar organisierte der Bezirksschutzbundführer Karl Sulzberger in Attnang-Puchheim ein Treffen. Dort entstand der Plan, dass sich sämtliche Schutzbundgruppen des Bezirkes in Attnang-Puchheim treffen würden, sollte es zu einem Generalstreik kommen. Attnang-Puchheim war ein wichtiger Verkehrsknotenpunkt und somit von großer strategischer Bedeutung, da am Bahnhof der Zugsverkehr unterbrochen werden konnte. Ferdinand Fageth beschloss jedoch, dass die Holzleithner Schutzbündler in Holzleithen bleiben würden. Er untersagte somit die Hilfe für den Schutzbund in Attnang-Puchheim.

Dort besetzte der Bezirksschutzbundführer Karl Sulzberger mit seinem Trupp den Bahnhof. Die Schutzbündler hoben auch die Gendarmerie aus.
Dabei verhafteten sie unter anderem Rudolf Greifeneders Vater, der zur damaligen Zeit Gendarm war. Greifeneder erinnert sich:

Wir wohnten im Gemeindehaus in Attnang-Puchheim. Mit Schulfreunden ging ich am 12. Februar aus der Schule hinaus zum

[91] Interview Katharina Mair, am 26.10.2005

Bahnhof. Dort haben sie uns dann verjagt. Sie fragten uns, was wir hier suchen würden. Wir antworteten, dass wir nur nachsehen wollten, was hier los sei.
Dann bin ich heim, durfte jedoch nicht mehr in das Gemeindeamt rein. Gleich darauf kam mein Vater heraus und erklärte den Schutzbündlern, dass ich hier wohne. Mein Vater wurde außer Dienst gestellt. Die Schutzbündler kamen und besetzten die Gemeinde. Die Gendarmerie war im oberen Stockwerk. Sie hatte ab dem Zeitpunkt der Besetzung nichts mehr zu sagen.
Wir durften hinter das Haus in den Garten gehen.
Das Bundesheer beruhigte in Attnang-Puchheim die Lage und stellte meinen Vater wieder ein. Wir durften dann auch wieder hinausgehen. Das galt für alle, die im Gemeindehaus wohnten.[92]

Im Laufe des Tages bemerkte Karl Sulzberger, dass von Linz Züge kamen. Dies resultierte aus einer nicht lückenlosen Einhaltung des Generalstreiks. Für den Bezirksschutzbundführer hatte ab diesem Zeitpunkt ein Weiterkämpfen keinen Sinn mehr, da Truppentransporte auf dem Schienenweg schneller vollzogen werden konnten als auf dem Straßenweg. Daher hätte nur eine lückenlose Einhaltung des Generalstreiks, vor allem bei den Eisenbahnern, den Schutzbündlern eine Chance gegeben, den Bürgerkrieg zu gewinnen.
Aus diesem Grund befahl Sulzberger, die Gendarmen wieder frei zu lassen. Deshalb wurden die Attnanger Schutzbündler bei den Gerichtsverhandlungen nach Beendigung des Bürgerkrieges humaner behandelt.

[92] Interview Rudolf Greifeneder, am 16.11.2005

3.6 Dienstag, 13. Februar 1934

Karl Sulzberger stellte es seinen Genossen frei, die Schutzbündler in Holzleithen zu unterstützen. Nicht wenige marschierten daraufhin ins Kohlenrevier. Sie gingen über Zell am Pettenfirst und machten beim Kaiserwirt halt. Dort befand sich die Befehlszentrale der Heimwehr. Franz Frank sah den Schutzbund-Trupp marschieren:

Auf der Bundesstraße 1 waren Bäume umgeschnitten, die den Verkehr blockierten. Damals gab es jedoch noch wenig Autos. Ich habe die Schutzbund-Gruppe beim Bahnübergang in Richtung Kohlenrevier marschieren gesehen. Es waren ungefähr 70 - 100 Leute. Ich habe zu diesem Zeitpunkt nicht gewusst, wohin sie gehen. Nachher hat man erfahren, dass sie beim Kaiserwirt in Zell am Pettenfirst mit der Heimwehr einen Kampf hatten.[93]

Rudolf Sterrer, der Sohn des Kaiserwirtes, war damals 7 Jahre alt. Er erinnert sich an die angespannte Situation:

Am 11. Februar 1934 bin ich von der Schule heimgekommen und fand eine Gaststube vor, die voll mit Heimwehrlern war. Die waren die ganze Nacht hier. Am 13. Februar ging um 6h30 die Schießerei los. Unsere Magd Anna Hager schaute zum Fenster hinaus und wurde dabei erschossen. Ich bin in der Früh noch im Bett gelegen und durfte nicht aufstehen. Meine Eltern waren mit der Heimwehr in Verbindung. Mein Vater war jedoch nicht Mitglied der Heimwehr. [94]

Ebenfalls beim Kaiserwirt verletzten Attnanger Schutzbündler den Bergwerksingenieur Heinrich Zukrigl. Dieser glaubte, dass eine Bundesheereinheit kommen würde und machte daher eine Meldung. Während er dies versuchte, schossen die Attnanger Schutzbündler auf ihn.[95]

---

[93] Interview Franz Frank, am 19.11.2005

[94] Interview Rudolf Sterrer, am 19.11.2005

[95] Interview Franz Höfer, am 26.10.2005

Der zivilen Bevölkerung wurde während der Kampfhandlungen beim Kaiserwirt befohlen, nicht zu nahe an das Gasthaus heranzugehen. Annemarie Glück bekam diese Situation von ihrer Tante Maria Pohn erzählt:

Meine Tante ist am 12. Februar 1934 mit meiner Mutter nach Thomasroith in die Kirche gegangen. Sie hatten keine Ahnung, was los war, als sie beim Kaiserwirt aufgehalten wurden. Sie wurden gefragt, wo sie hingehen und darauf aufmerksam gemacht, dass sie stehen bleiben müssten, sollte es ihnen befohlen werden.[96]

Am 13. Februar 1934 kam das Militär aus Richtung Hausruckedt nach Holzleithen.
Holzleithen befindet sich in einer Bucht des Hausruckwaldes und ist in nordwestlicher Richtung von Ottnang auf der Straße über Bergern, Bruckmühl und Englfing zu erreichen. Auch die Bundesbahn verläuft von Ottnang aus in diese Richtung. Aus dem Innviertel gelangt man vom Bahnhof Hausruck aus durch einen Tunnel nach Holzleithen. Auf der Straße gelingt dies über eine Anhöhe des Hausrucks, dem sogenannten Tanzboden. Von Thomasroith aus führte eine Flügelbahn in südnördlicher Richtung über Hausruckedt nach Holzleithen. Als dort bekannt wurde, dass die Eisenbahner den von Richard Bernaschek ausgegebenen Generalstreik nicht lückenlos einhielten, sah Ferdinand Fageth für den Republikanischen Schutzbund keine Chance mehr, den Bürgerkrieg zu gewinnen. Am Dienstag, gegen zehn Uhr vormittags, rief er zum Rückzug auf und verließ mit zirka 30 Mann das Arbeiterheim, um sich im nahegelegenen Wald in Sicherheit zu bringen. Zu diesem Zeitpunkt hörten nicht mehr alle Schutzbündler auf sein Kommando, es herrschte bereits Chaos.
Als das Militär anrückte, brachte sich die Bevölkerung von Holzleithen in ihren Wohnungen in Sicherheit. Schutzbündler verteidigten die Häuser.

---

[96] Interview Annemarie Glück, am 26.11.2005

Elisabeth Grüneis verfolgte das Vorrücken in der Nähe des Bahnhofes:

Ich kann mich noch an den Kampf erinnern. Wir haben unterhalb des Bahnhofs gewohnt. Wir hatten von der Mutter den strengen Auftrag, nicht zum Fenster zu gehen, da von allen Seiten geschossen wurde. Ich habe immer zwischen den Blumenstöcken hinausgesehen und sah, wie sich die Soldaten niederwarfen und immer wieder aufstanden. Man hat später gehört, dass bei den Schutzbündlern einige Scharfschützen von den Fenstern aus auf das Militär geschossen haben. Für mich als Kind war das ein schreckliches Erlebnis. Es wird mir immer und ewig in Erinnerung geblieben. Nach diesem schrecklichen Nachmittag war das ganze vorbei. Die Schutzbündler, hat man gehört, sind bis auf wenige geflüchtet.
Mein Vater ist ein paar Mal zwischen Bahnhof und unserem Haus hin und her gegangen. Als Eisenbahner bekam er vom Bahnhofsvorstand den Befehl, am Bahngleis entlang zu patrouillieren. Er musste bis nach Ottnang-Manning gehen. Er lieb dann über Nacht weg und war somit nicht mehr in Holzleithen. Man hat immer befürchtet, dass die Bahn gesprengt würde. Das ist jedoch nicht passiert. Zuletzt kam das Militär zu den Haustüren und hat das Standrecht verkündet. Danach hat man vom Militär nichts mehr gesehen.[97]

Als die sich noch im Arbeiterheim befindlichen Schutzbündler die Aussichtslosigkeit ihrer Situation erkannten, schwenkte ein Schutzbündler die weiße Fahne an einer Stelle, die für Fritz Hüttl, der den Stützpunkt am Bahnhof befehligte, nicht einsehbar war. In der Annahme, es seien noch viele Schutzbündler im Arbeiterheim, legte er ein Sperrfeuer, um ihnen die Flucht zu ermöglichen. Dabei starben fünf Soldaten. Als das Militär ins Heim eindrang, flüchtete Hüttel.
Die Einnahme des Arbeiterheimes durch Gendarmerie, Militär und Heimwehr erfolgte ohne Schüsse. Bezirkshauptmannstellvertreter Frühwirt gab den Befehl, die im Arbeiterheim hinterbliebenen Sanitäter und

[97] Interview Elisabeth Grüneis, am 15.5.2005

Schutzbündler, sechs Personen, „an die Wand zu stellen". Vier von ihnen fanden dabei den Tod.
Die Schutzbündler Johann Hamminger und Josef Zaribnicky wurden durch die Schüsse nicht tödlich getroffen, worauf sich letzterer angeblich tot stellte. Daher wollten die Heimwehrler noch einmal auf sie schießen. Als sie ansetzten, betrat Dr. Franz Hitzenberger sen. das Arbeiterheim und sagte laut Erzählungen die legendär gewordenen Worte:

„Die gehören mir. Da habt ihr jetzt nichts mehr zu suchen."

Dr. Franz Hitzenberger jun. kann sich an die Situation erinnern, als sein Vater ins Arbeiterheim gerufen wurde:

Am Nachmittag wurde er telefonisch verständigt, dass in Holzleithen geschossen wird und dass es dort Tote und Verletzte gäbe. Aus diesem Grund ist er sofort mit dem Auto nach Holzleithen gefahren. Als er dort eintraf, lagen im Saal bereits die Toten und Verwundeten. Davon waren vier tot und zwei lagen noch verwundet unter der Bühne und am Boden.
Mein Vater ist gerade zurecht gekommen, als der Führer der Heimwehr verlangte, dass die zwei Verletzten noch einmal auf die Bühne gestellt und erschossen werden müssten. Mein Vater setzte sich für die beiden ein und sagte, dass nach der Genfer Konvention kein zweites Mal exekutiert werden dürfe und dass die beiden ihm gehören würden. Er hat damit Josef Zaribnicky und Johann Hamminger das Leben gerettet.[98]

Unmittelbar nach den Erschießungen meinte Bezirkshauptmannstellvertreter Frühwirt, dass die Heimwehrmitglieder seinen Befehl *„An die Wand mit ihnen"* falsch auslegten.

---

[98] Interview Dr. Franz Hitzenberger jun., am 11.2.2006

Der Ausgang des Bürgerkrieges verbreitete sich wie ein Lauffeuer. Auch Edeltraut Alscher erfuhr rasch davon:

Als die Schutzbündler auf der Bühne erschossen wurden, gingen wir gerade ins Bett. Es war schon finster, als jemand zu uns herunterlief. Mein Vater ging sofort zum Fenster und fragte, was geschehen war. Er sagte, dass sie den Zaribnicky Anton, Bruder des Josef Zaribnicky, erschossen hätten. Meine Tante und meine Mutter begannen zu weinen, weil auch Opfer aus unserer Nachbarschaft dabei waren.[99]

[99] Interview Edeltraut Alscher, am 19.11.2005

3.7 Nach dem Bürgerkrieg nimmt das Leben wieder seinen Lauf

Am 14. Februar mussten sich die Schutzbündler bis spätestens 12h00 am Bahnhof Holzleithen melden. Im Anschluss daran mussten die Betroffenen einige Schikanen über sich ergehen lassen, bis sie schließlich einige Monate später amnestiert wurden.
Nicht wenige Schutzbundangehörige wechselten nach den Februarereignissen zur Heimwehr über, um ihren Arbeitsplatz behalten zu können oder einen zu bekommen. Viele Schutzbündler flohen nach Deutschland, um den Repressionen zu entgehen. Sie kamen dort zur österreichischen Legion. Des weiteren versuchten einige in der Sowjetunion sowie in der damaligen Tschechoslowakei Unterschlupf zu finden. So kam der Schutzbundführer des Bezirkes Vöcklabruck, Karl Sulzberger, in der Sowjetunion unter. Ferdinand Fageth flüchtete in Frauenkleidern. In Pichl bei Wels wurde er gefasst.

Elisabeth Grüneis weiß, dass viele Arbeiter nach Beendigung des Bürgerkrieges am Nationalsozialismus Gefallen fanden, da sie sich von Hitlers Politik eine Beendigung ihres Elendes erhofften:

„An den sozialen und finanziellen Problemen der Arbeiter hat sich nichts geändert. Aufgrund ihrer Armut wurden einige Arbeiter illegale Nazis. Sie waren der Meinung, dass nur der Anschluss an Deutschland ihre Existenz sichern würde.
Unter Hitler hatten wir endlich eine Mark in der Hand. Wir empfanden dies als Rettung und glaubten, dass jetzt die Sonne aufginge.“ [100]

---

[100] Interview Elisabeth Grüneis, am 15.5.2005

Nach Beendigung der Kampfhandlungen gingen auch die Kinder von Schutzbündlern wieder in die Schule. Josef Mair war unter ihnen:

„Nach der Beendigung der Kampfhandlungen gingen wir wieder in die Schule. Ich war in der vierten Klasse. Mein Lehrer war sehr nett. Als ich mit einem Freund, dessen Vater auch ein Schutzbündler war, in die Klasse hineinkam, haben uns einige Schulkollegen aus bürgerlichem Hause an die Wand gedrückt. Der in die Klasse gekommene Lehrer beruhigte die Situation.“ [101]

Dr. Franz Hitzenberger jun. erinnert sich daran, dass ein Großteil der Arbeiter des Kohlenreviers unmittelbar nach den Kampfhandlungen versuchte, wieder ein geregeltes Leben zu führen:

Ich kann mich daran erinnern, dass die Ereignisse des Bürgerkrieges für die Angehörigen der Toten eine große Belastung waren. Das Leben musste allerdings weitergehen. Jeder musste schauen, dass er seinen Arbeitsplatz behalten konnte. Es wurde niemand gefragt, wie es ihm ergehe und niemandem wurde ein Psychologe zur Verfügung gestellt. Das Leben musste weitergehen.

In den 1930er Jahren gründete Dr. Franz Hitzenberger sen. die Rot-Kreuz-Stelle Thomasroith. Nach dem Bürgerkrieg spendete er seinen ersten privaten Wagen, einen Steyrer 12, der Feuerwehr Thomasroith. Die Feuerwehrmänner bauten den Wagen zu einem Krankenwagen um, sodass Verletzte aus dem Bergwerk oder nach sonstigen Unfällen direkt mit dem Rettungswagen in die Krankenhäuser gebracht werden konnten. Dieser Wagen ist noch bis etwa 1948 in Vöcklabruck als Notfallfahrzeug für den Krankentransport verwendet worden. [102]

---

[101] Interview Josef Mair, am 26.10.2005

[102] Interview Dr. Franz Hitzenberger jun., am 11.2. 2006

3.8 Gedanken zum Bürgerkrieg

Der spätere WTK-Betriebsleiter Diplom-Ingenieur Alfred Schaller stand im Jahre 1934 kurz vor dem Abschluss seines Studiums an der Montanuniversität Leoben. Während seines Studiums praktizierte er in den WTK-Betrieben Thomasroith und Waldpoint. Er kann sich daran erinnern, dass sich das Ausland für die politischen Probleme in Österreich interessierte:

„Damals machte die Montanuniversität eine Exkursion nach Rumänien. Überall, wo wir Besichtigungen machten, verfolgten uns Reporter von rumänischen Zeitungen. Diese fragten uns über die Situation in Österreich aus und wollten wissen, welche politischen Ziele Bundeskanzler Dollfuß verfolge. Die Studentenschaft war politisch uneinig. Deshalb vermieden es die Professoren, über die politische Situation jener Tage in Österreich zu diskutieren. Die Professoren wiesen daher die Reporter ab, die unter anderem wissen wollten, ob Dollfuß noch lebe."

Laut Diplom-Ingenieur Schaller waren weite Kreise der Bevölkerung mit der österreichischen Regierung nicht zufrieden. Schaller meint, dass die Regierung auch Fehler machte:

„Es war leider so, dass der Einsatz von schweren Waffen überzogen war. Man hätte das Problem auch anders lösen können. Zum Teil mit Recht hat der Schutzbund die Problembewältigung angeprangert. Ich weiß nicht, ob man Putschversuch sagen kann. Auf jeden Fall wollten die Sozialdemokraten an die Macht, um die vielen Probleme der Arbeiterschaft, unter anderem die Arbeitslosigkeit, zu lösen.
Möglichkeiten, früher zu verhandeln, um die Katastrophe zu vermeiden, hätte es gegeben. Die Situation war jedoch so verhärtet, dass man nicht mehr miteinander sprach. Leider entstanden zu dieser Zeit in den Nachbarländern Diktaturen. Die Schutzbündler sind in Holzleithen sicherlich nicht umsonst gestorben. Dennoch war Holzleithen ein

Nebenschauplatz des Bürgerkrieges. Nach dem zweiten Weltkrieg war man mit den Auswirkungen des Nationalsozialismus so stark beschäftigt, dass die Ereignisse des Jahres 1934 in den Hintergrund geraten sind.[103]

Der Vater von Elisabeth Grüneis war zur Zeit des Bürgerkrieges Eisenbahner. Sie kennt daher die Gründe, warum sich nicht alle Eisenbahner am Generalstreik beteiligten:

„Die Eisenbahn war staatlich. Sie hätte sich nicht an einem Putsch gegen den Staat beteiligen dürfen. Da wären alle Eisenbahner arbeitslos geworden. Es muss auch von oben bestimmt worden sein, dass sie sich alle heraushalten müssen. Als Kind habe ich das aber nicht gewusst. Mein Vater hat das mitbekommen, weil er darüber mit dem Bahnvorstand gesprochen hat, dass wir neutral bleiben und uns nicht beteiligen dürfen."[104]

Franz Höfer, er arbeitete nach dem zweiten Weltkrieg bei der Eisenbahn in Attnang-Puchheim, weiß, dass die Lokführer im Jahre 1934 bis zu 400 Schilling im Monat verdienten. Auch er sieht den Grund für die Ablehnung des Generalstreikes in der Tatsache, dass viele Eisenbahner Angst vor dem Verlust ihrer Arbeit hatten. Gekämpft haben daher großteils nur die arbeitslosen Eisenbahner.[105]

Annemarie Glück kann sich noch gut an die Erzählungen ihrer Tante Maria Pohn erinnern, die mit dem Schicksal von Familien aus dem Bekanntenkreis konfrontiert war:

„Es war furchtbar, denn wenn in Familien mehrere Söhne waren, konnte es vorkommen, dass die einen bei der Heimwehr waren und die anderen beim Republikanischen Schutzbund. Sie hat es als sehr traurig empfunden, dass Brüder gegen Brüder geschossen haben.

---

103 Interview Dipl.-Ing. Alfred Schaller, am 26.10.2005

104 Interview Elisabeth Grüneis, am 15.5.2005

105 Interview Franz Höfer, am 26.10.2005

So war es auch bei einer Familie aus Thomasroith. Ein Sohn wurde erschossen. In dieser Familie, die uns bekannt war, waren zwei beim Schutzbund und zwei bei der Heimwehr. Es war sehr traurig, weil die Sanitäter standrechtlich erschossen wurden. Das hat niemand aus der Bevölkerung verstanden. Damals war nach der Monarchie die Zeit auch schwierig. Vielleicht konnten die Leute mit der Demokratie noch nicht umgehen.“

Der Großvater von Annemarie Glück hat in den 1920er Jahren seine Arbeit verloren. Er war bei der christlich-sozialen Partei und später bei der ÖVP. Als alter Mann wies er immer auf die Wichtigkeit einer Koalitionsregierung hin.
Laut Annemarie Glück ist bis heute der Todesfall Anna Hager in Thomasroith ein Thema. Sie arbeitete beim Kaiserwirt als Magd und wurde erschossen, als sie während der Kampfhandlungen ihren Kopf aus dem Fenster streckte, um nachzusehen.
Annemarie Glück, die in Zell am Pettenfirst, also im Nachbarort von Thomasroith aufwuchs, kam bereits als Kind mit vielen Angehörigen der Bürgerkriegsopfer in Verbindung:

„Man kannte die Familien, die vom Bürgerkrieg direkt betroffen waren. Als Kind hat es mich sehr erschreckt, als ich hörte, dass die Sanitäter erschossen wurden.
Ich kannte einen Schutzbündler, der sich tot stellte. Er steckte sein Gesicht in den Sand. Dann gingen Leute vorbei, die nicht glauben konnten, dass ein so junger Kerl sterben musste. Über Handlungen von einzelnen Beteiligten hat man etwas gehört. Jedoch nicht von den geschichtlichen Zusammenhängen. Es ist wichtig, dass man jetzt darüber spricht.
Bei meiner Tante ist diese Zeit im Alter immer mehr zum Vorschein gekommen. Sie hat gesagt, dass die Leute die Not der Zeit nach dem ersten Weltkrieg sowie den Bürgerkrieg ohne nachzudenken hingenommen haben. Man konnte ja nicht weglaufen.

Auch andere Familien hatten Opfer zu beklagen. Dennoch wurde der Bürgerkrieg totgeschwiegen. Erst jetzt beginnt man über diese Zeit zu sprechen. In der Schule haben wir von diesen Geschehnissen nichts gehört. Die Bevölkerung muss die Ereignisse wahrscheinlich erst noch verarbeiten."[106]

Auch Dr. Franz Hitzenberger sen. konnte seine Erlebnisse während des Bürgerkrieges nur schwer verarbeiten. Sein Sohn erinnert sich:

Die Ereignisse des Bürgerkrieges haben meinen Vater schon sehr betroffen gemacht. Als in Holzleithen geschossen wurde, hat er mich beim Arm gepackt, auf die Straße geholt und gesagt: „Pass auf, was Du da hörst." Ich konnte mir nicht erklären, was das war. Da sagte er, dass es ein Maschinengewehr wäre.[107]

---

[106] Interview Annemarie Glück, am 26.11.2005

[107] Interview Dr. Franz Hitzenberger, am 11.2.2006

Schlussbetrachtung

Bald nach der Niederschlagung der Revolte des Februar 1934 gingen nicht wenige Schutzbündler zur Heimwehr und bekamen Arbeit. Nach dem Anschluss an Hitler-Deutschland traten viele Schutzbündler und Heimwehrler der NSDAP bei.

Nach dem Zweiten Weltkrieg, also in der 2. Republik, wurde die politische Landschaft neu gestaltet. Es kam zur gut funktionierenden Zusammenarbeit der führenden Parteien, deren gemeinsames Ziel es war, das durch den Zweiten Weltkrieg zerstörte Österreich zum Wohle seiner Bewohner wieder aufzubauen und zukunftsweisend zu gestalten. Gehässigkeiten unter den Parteien gab es praktisch nicht. Bald entwickelte sich durch eine gute Wirtschaftentwicklung ein bescheidener Wohlstand. Nun sahen die Österreicher als oberstes Ziel die Befreiung von den vier Besatzungsmächten. Wiederum war es der guten Zusammenarbeit zwischen den Parteien zu danken, dass unsere Heimat 1955 ein freies und neutrales Land wurde. In diesen 10 Jahren der fruchtbringenden Zusammenarbeit wurden kaum die Ereignisse des Februar 1934 erwähnt und vielleicht wäre auch die unglückliche Epoche der Zwischenkriegszeit weiterhin nicht besonders erwähnt worden, wenn sich nicht einerseits bestimmte Politiker an diese Ereignisse erinnert hätten und es andererseits nicht Aufgabe der Historiker wäre, das, was in früheren Zeiten geschehen ist, zu erforschen.

Es ist gut so, denn wir sollen aus der Geschichte lernen. Wir sind aber erst am Beginn der Aufarbeitung jener Geschehnisse und es ist wichtig, mit der für die Geschichtsforschung notwendigen Nüchternheit vorzugehen, um die Ursachen gut zu erkennen und für die Zukunft wichtige Erkenntnisse gewinnen zu können.

Dankenswerter Weise hat der österreichische Autor Franzobel über die Ereignisse des Februar 1934 das Theaterstück „Hunt oder der totale Februar“ geschrieben und damit eine brauchbare Grundlage für die Aufarbeitung der Geschichte jener Zeit geschaffen.

Mit vielen Vorurteilen und Neugier warteten die Bewohner der Hausruckregion auf die erste Aufführung. Besonders befürchteten die konservativ Denkenden eine für sie ungünstige Darstellung der damaligen Ereignisse. Doch die Aufführung war sehr realitätsnah. Die Schuldfrage wird in diesem Theaterstück nicht unbedingt einem politischen Lager, sondern vielmehr einzelnen Personen, wie z.B. Ferdinand Fageth, Dr. Frühwirt und Josef Skrabal zugeordnet.
Es wäre für uns alle wünschenswert, wenn die Politiker aller Parteien sich der Inhalte dieses Theaterstückes annehmen würden, um daraus Lehren für die Zukunft unserer Gesellschaft ziehen zu können. Dann könnte ein gedeihliches Nebeneinander verschiedener politischer Denkweisen zum Wohle aller Österreicher möglich sein.

Ein Dank ergeht an die Zeitzeugen

Alscher Edeltraud
Frank Franz
Glück Annemarie
Greifeneder Rudolf
Grüneis Elisabeth
Medizinalrat Dr. Franz Hitzenberger jun.
Höfer Franz
Mair Josef und Katharina
OSR Pohn Peter sen.
Sterrer Rudolf
Dipl.-Ing. Schaller Alfred

sowie

Dir. Helmut F. Böhm
Fam. Deix
Privatarchiv Martin Kranzl-Greinecker
Josef Pohn
für die Photos, die sie zur Verfügung stellten

und

Mario Glück
für die Photos und Skizzen sowie für die Bearbeitung der Landkarten